ちくま新書

金利を考える

翁 邦雄
Okina Kunio

1819

金利を考える【目次】

第三章　消費者金融の金利は高すぎるのか低すぎるのか　095

第一章

金利を上げ下げする力はどこから来るのか

1 プロローグ

この本を書くきっかけになったのは、2023年の1月、藤岡美玲さんという、面識のない筑摩書房の編集者の方から届いた一通のメールでした。

メールには、まず、

「2022年は……「金利」という言葉を耳にすることが多い1年でした」

とあり、

「金利は、なぜ／どう上下するのか、金利を動かすと何が起きるのかといったことを平易に解説する一冊を読んでみたいと思い、『金利と経済』[1]などの著者がある翁さんに連絡しました」

と続けられていました。

え??　ここまで読んでわたしはかなり途惑いました。

藤岡さんが挙げている『金利と経済』は、金利が動くことで経済に何が起きるのかを解説したつもりの本だったからです。

しかし、藤岡さんは、その本を読み込んだうえで、金利が上下する理由とその影響を平易に解説した本を書いてほしい、とリクエストされています。

インターネットで検索すると、藤岡さんは、「認知症の介護」、「推し活に役立つ批評の方法」、などなど、幅広いテーマながら、いずれも生活で直面するさまざまな現実に即した本を編集されてきている方でした。

たぶん、藤岡さんの眼には、『金利と経済』は「生活実感とのつながりが足りない」、とか「金融政策への興味がある人でないとピンとこない」、などと映り、もう少し広い視点で、金利について書いてほしい、と考えたのではないか。

とりあえず、そう受け止めることにしました。

わたしは、日本銀行に就職し、その後、大学で金融論や日本経済論を担当する、といった職歴をたどってきました。これまで書いてきた本は、その職業経験を反映して金融政策や中央銀行に関心が偏りすぎていたのかもしれません。[2] 金融史を振り返れば、貨幣や金利は、古代から存在しますが、中央銀行は17世紀にスウェーデンで産声を上げ、英国で進化を遂げてきた新参者にすぎません。日本銀行が行っているアンケートを見ても、日本銀行の動向に無関心な人が、長年、多数派を占め続けています（図表1-1）。

ただし、国民が、その国の中央銀行や金融政策に無関心な状態はむしろ望ましいことのはずです。[3] 日常生活では、体のどこも痛みや不具合がなければ、体の一部を意識したりし

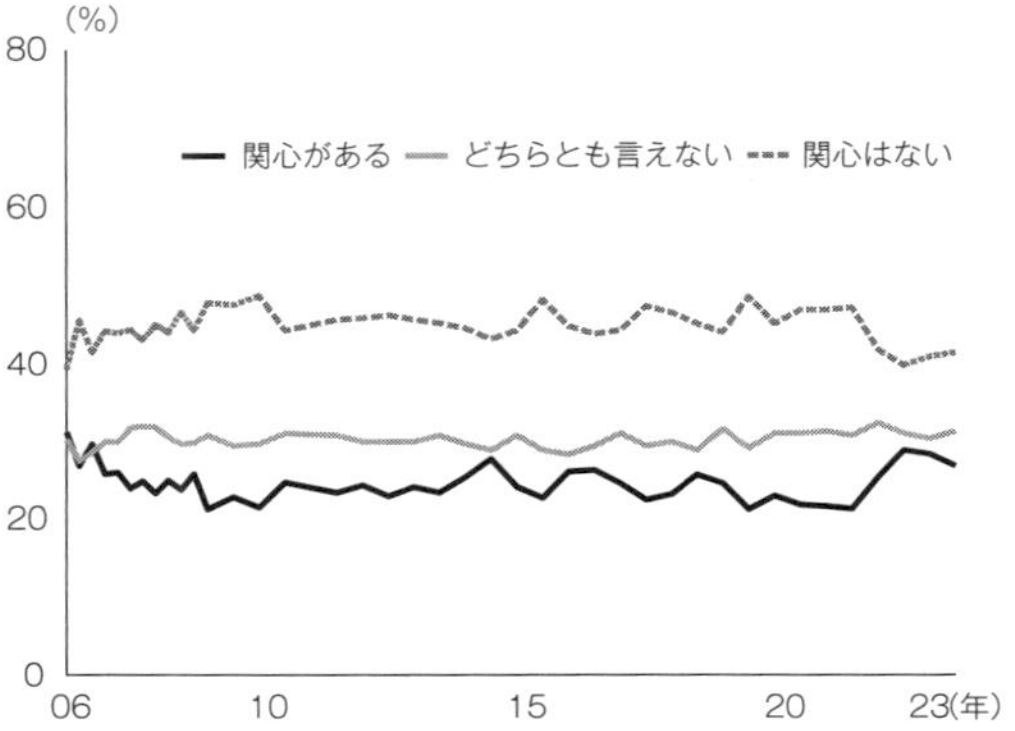

図表１－１　日本銀行に対する関心の推移
注　１．郵送調査となった2006/９月以降を掲載。
　　２．2009/６月までは年４回、それ以降は年２回実施。2011/６月は実施せず。
出典　日本銀行「生活意識に関するアンケート調査」2023年12月調査

ません。胃に関心を持つのは、胃の調子がひどく悪いと感じたり、痛み出して医者に駆け込むべきか考えはじめたりしたときでしょう。同じことが中央銀行や金融政策についてもいえます。実際、米国の中央銀行である連邦準備制度の理事会議長を20年近く務めたアラン・グリーンスパンは、「物価の安定」を２%など特定のインフレ率の達成で定義することに反対で、「人々が物価を意識しなくてよい状態こそ物価安定」としていました。

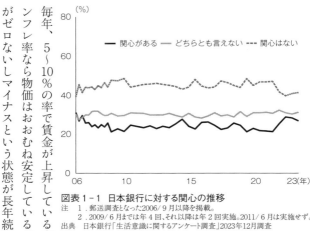

　人々がどの程度のインフレ率になれば物価を意識し、不安を感じるかは、経済とりわけ所得の状態によって違うはずです。たとえば、毎年、５～10%の率で賃金が上昇している高度成長期の国では、２%程度のマイルドなインフレ率なら物価はおおむね安定している、と受け止めるかもしれませんが、賃金上昇率がゼロないしマイナスという状態が長年続いている国では、中央銀行が好む２%のインフ

レ率では不安を感じる可能性が高いでしょう。

先の図表で2021年の終わりころから日本銀行に対する関心がやや高まっているのは、このころから、生活を脅かされかねない急激な円安とインフレという傾向が体感されることで国民の不安が高まったことによるでしょう。

生活者目線を重視しているらしい藤岡さんのメールの続きには、はたせるかな「消費者金融、住宅ローンなど、私たちが生活するなかで触れる「金利」の話から始めて、金利とはなにか、について書いてほしい」、とありました。話の順番はともかく、そうした関心に応えながら、金利とその周辺を掘り下げてみよう、というのがこの本の試みです。

関連する話題のいくつかは、各章の「補論」にまとめました。補論というのは、いかめしい標題ですが、本論で展開している金利周辺の話題をさらにもう少し先まで拡げたものですので、興味のある話題だけ拾い読みしてくだされぱよいと思います。なお、参考文献は、各章ごとにまとめて章末後注として掲載し、なるべく補足説明を加えました。

2 「金利」とは何か・どう決まるのか

そろそろ本題に入りましょう。

金利とはなにか。

一言でいえば、「お金のレンタル料」です。より正確に書くと、レンタル料そのものは利息であり、その元金《がんきん》に対する比率が金利です。金利の代わりに利子率という言葉もよく使われますが、同じ意味です。

「100万円の金を1年間借り、1年後に101万円返す」という約束なら、1万円が利息で、年利1％。この「1％」がお金のレンタル料率としての金利です。

……このあたりまでは誰でも知っているシンプルな話です。

しかし、この金利の水準が、なにで決まっているのか、という問いへの答えは、いろいろな要素が交錯していて、それほどシンプルではありません。

†「もうけ」の対価としての金利

まず、一国全体としてみると、金利を決めるもっとも基本的な要素は、インフレ（物価上昇）と「借りたお金を使って得られるもうけの大きさ」です。

一国全体としてみると、と書きはじめましたが、同じ意味で、しばしば「マクロ的にみると」、などの表現も使います。マクロの対義語はミクロで「ミクロ的にみると」、という場合は、個人、家計、企業などを検討対象にすると、という意味になります。ミクロの話は次章で取り上げますが、一国全体の金利のトレンドは、その経済全体における「もうけを産む力」ないし成長の可能性を反映するはず、ということになります。

もうけを産む力の源泉は、むろん、個別的なものです。

バーナード・マラマッドの「最後のモヒカン族」という小説に、イタリアに住むジュスキントというユダヤ人がフィデルマンというユダヤ系アメリカ人の旅行者からなんとか金を引き出そうという場面が出てきます。

ジュスキント「わたしに2万リラ貸してください、それでわたし、婦人用のナイロン
靴下を買う。売りさばいたら、そのお金は返す」

フィデルマン「ジュスキント、ぼくには投資するような資金はないよ」

ジュスキント「資金は取り戻せるよ、利息も付いて[4]」

この場面でジュスキントは、「靴下に投資したもうけが利息を生む」とフィデルマンを説得しようとしています。「儲け」の大きさがここでの金利の原動力になります（しかし、フィデルマンはジュスキントの申し出を断り、金を貸しません。その理由は次の章で考えます）。

マクロ的にみると、もうけを産む力が生まれやすい環境は存在します。敗戦直後の日本

のようにあらゆるものが不足し飛ぶように売れる、という「焼け跡経済」や、先進国の技術が輸入でき、追いつくための成長機会に溢れている高度成長期の新興国経済などでは、投資には高い見返りが見込めます。

当然、お金を借りてもうけたい、という人たちは数多くいます。そうした人たちが競《せ》り上げるので、金利は高くなります。この場合、他の用途でお金を借りるにしても、高い金利を払わざるを得ません。経済が多くの投資機会に恵まれ、高い潜在成長力を持っている場合、金利は経済全体として高くなります。

逆に、あらたな発展への道筋がなかなか見いだせない停滞期ないし成熟期の経済では、大きな儲けにつながるようなお金の使い道を見つけるのは困難です。この場合、金利は経済全体として低くなります。

中央銀行は金利を「なぜ」・「どのように」動かすのか

一国経済全体の金利という観点では、中央銀行の金融政策の存在は避けて通れません。金利がその経済の「もうけを産む力」ないし成長力を反映するはずだとすれば、金融政策で金利を動かすとされる中央銀行は、いったい、何をしているのでしょうか。以下では、

①なんのために金利を動かすのか（金利を動かす目的）

②なぜ、金利を動かすのか（金利を動かす効果）
③どうやって金利を動かすのか（金利を動かす方法）
の三つの点から説明したい、と思います。

†中央銀行は「物価安定」のために金利を動かす

まずは、なんのために金利を動かすのか（金利を動かす目的）からみていきましょう。

この点については、2023年4月に日本銀行総裁に就任した植田和男《うえだかずお》氏の講演を聴くのが手っ取り早いでしょう。植田総裁は、永年、東京大学教授として金融政策について研究してきたマクロ経済学者ですが、いきなり学者から日本銀行総裁になったわけではなく、1998年の新日本銀行法施行時に日本銀行審議委員に就任、その後7年間にわたって日本銀行のガバナンスと金融政策方針の決定の一翼を担ってきました。その意味で総裁として帰ってきたベテラン中央銀行家でもあります。

その植田総裁は就任約1カ月後の2023年5月に「金融政策の基本的な考え方と経済・物価情勢の今後の展望」という講演を行っています。

植田総裁は、この講演の冒頭で、

日本銀行は、2%の「物価安定の目標」の実現を目指して、大規模な金融緩和を行っています。私が前回、日本銀行の審議委員として金融政策運営に携わったのは1998年からでした。それ以降の25年間は、「物価の安定」に向けた「闘いの歴史」であったと言っても過言ではありません。

と述べています。

つまり、何のために、という問いへの植田総裁の答えは、物価を安定させるため、ということになります。

ちなみに、日本銀行法の第一章では、

（目的）

第一条　日本銀行は、我が国の中央銀行として、銀行券を発行するとともに、通貨及び金融の調節を行うことを目的とする。

2　日本銀行は、前項に規定するもののほか、銀行その他の金融機関の間で行われる資金決済の円滑の確保を図り、もって信用秩序の維持に資することを目的とする。

（通貨及び金融の調節の理念）

第二条　日本銀行は、通貨及び金融の調節を行うに当たっては、物価の安定を図ることを通じて国民経済の健全な発展に資することをもって、その理念とする。

となっています。やや持って回った書き方ですが、ざっくり言えば、「物価の安定」と「資金決済の円滑化を通じた信用秩序維持」が使命、ということです。現在の先進国中央銀行は、おおむね「物価の安定が使命」、と答えるはずです。

ただし、中央銀行の使命については、歴史的にはいろいろな紆余曲折があり、それはその時々の経済状況や世論に大きく影響されてきました。米国の中央銀行である連邦準備制度の場合には物価安定だけでなく雇用の最大化も使命に含まれています。現在主流の「物価の安定」に専念する、という思想も必ずしも最終的な到達点とはいえないかもしれません。

†金利の上げ下げに人々が反応すれば経済活動が調節できる

物価の安定が目的だとして、それでは、なぜそのために金利を動かすのでしょうか。

植田総裁は、中央銀行の金融政策が物価に影響を及ぼす経路について、二つの主要なメ

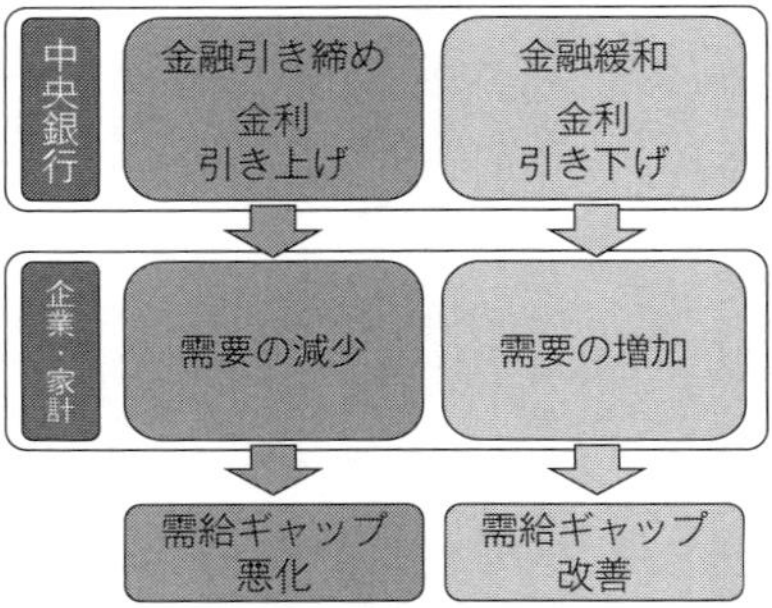

図表1－2　金利と経済の関係
出典　植田和男「金融政策の基本的な考え方と経済・物価情勢の今後の展望」2023年5月19日講演

カニズムに絞って説明しています。その一つ目として、金利の役割を取り上げ、つぎのように説明しています（図表1-2）。

日本銀行は、金利を上げ下げすることで、経済に対して影響を及ぼします。例えば、金利を引き下げますと、企業が設備投資を行ったり、家計が住宅を購入したりする際の借り入れ金利が低下し、需要を刺激します。これにより、雇用が生まれ、経済活動が活発化することになります。反対に、金利の引き上げは、需要を減らし、経済活動や雇用を抑制する方向に働きます。

日本銀行に限らず、主要な中央銀行はおおむね「金融政策のかなめは金利」と説明しています。なお、この本では深入りしませんが、植田総裁は、金融政策と物価を結び付ける二つ目のメカニズムとして、経済が活発化し需要が高まれば物価上昇率は高まりやすくなり、反対に、経済が落ち込み需要不足となれば物価上昇率は低下する、という経済学で「フィリップス曲線」とよばれる関係に言及しています。

†中央銀行が金利を動かす伝統的出発点は「資金決済」

最後は、中央銀行はどうやって金利を動かすか、という問題です。

この点は、オーソドックスな手法と、現在行われている手法は異なっています。まず、オーソドックスな手法から話をはじめます。それは、資金決済（＝支払い完了）の最終的な拠り所という中央銀行の本質的機能にかかわっているからです。

私たちの日常生活を考えてみると、たとえばスーパーのレジでビールを買い、銀行券で払う。これでビール代金の支払いは完了します。銀行券は中央銀行が提供しているもっとも重要な決済手段のひとつです。しかし、企業はもちろん、個人でも、日常生活での決済は銀行券だけではすみません。たとえば、アパートを借りて住んでいる場合、賃料を自分の預金口座から大家さんである企業の預金口座に振り込む、といった形で支払うケースが大半でしょう。また、従来は、銀行券や硬貨が使われてきた日常の買い物の支払いについても、近年は、クレジットカード、デビットカード、電子マネーといった手段による決済（いわゆるキャッシュレス決済）が広がっており、これらをスマホで利用するという新たな決済のスタイルも一般化しています。

　振り込まれた賃料は、借家人の利用している銀行と大家さんである企業の利用している銀行の間の資金の「受け渡し」で完了します。キャッシュレス決済も基本的に同じです。こうした無数の資金の受け払いは、最終的には、各銀行が中央銀行に持っている当座預金口座の間の資金の振替で完結します。さらに、政府と家計・企業の資金の受け払い（納税や還付、公共事業費の支払など）も、日本銀行にある政府当座預金口座と各銀行の日本銀行当座預金口座の間の振替で行われます。

　しかし、日々の資金決済の結果として、当然、お金の受け取りが多くなる銀行と、支払いが多くなる銀行が出てきます。支払いが多くなる銀行では、日本銀行に預けてある当座預金が減り、場合によっては底をつきかねません。

　先ほど紹介した日本銀行法の第一条の2に「日本銀行は、……銀行その他の金融機関の間で行われる資金決済の円滑の確保を図り」とありますが、ここで資金決済円滑化のための日本銀行の出番が来ます。それは同時に金利誘導の起点にもなります。

　まず、お金が足りなくなった銀行は、この資金を銀行間の貸し借りの場である短期金融市場——日本の場合、コール市場とよばれる市場です——でお金を借りて決済に支障がないところまで当座預金を増やします（コールマネーの取り入れ、といいます）。逆に当座預金が過剰になると見込まれる銀行は余分な資金を、とりあえずコール市場で貸して運用し、金利を稼ぎます（コールローンの放出といいます）。このようにして、個別の銀行の資金過不足はコール市場の貸し借りでいちおう調整されます。

しかし、各銀行の日本銀行当座預金を足し上げた総額は、しばしば大きく変動します。たとえば、納税期には企業や家計が税金を政府に納付します。これを反映して、銀行の日本銀行当座預金勘定から政府当座預金勘定にお金が大量に移動し、民間銀行の当座預金が不足することも起きます。

†日本銀行は貸し倒れのないコール市場の超短期金利を動かす

日本銀行当座預金が全体として足りなくなると、お金を借りたい銀行の借り入れ希望額が貸したい銀行の貸し出し希望額を上回る結果として、コール市場での貸し借りの金利であるコールレートに上昇圧力がかかります。その対応が必要な場合には、日本銀行は日本銀行法の第一条に出てくる「金融の調節」を行います。

ここが金利政策の始発点です。この「金融の調節」は、意図的にお金の過剰や不足を演出することもでき、それによりコール市場の金利を動かすことができるからです。具体的に日本銀行が動かす金利（誘導対象の金利といういい方もします）は、「コールレート翌日物」とよばれる、通常は貸し倒れの心配がない銀行間貸借の満期1日の金利です。

コラム コール市場で安易に貸し倒れを起こさせてはいけない

コール市場の取引は貸し倒れのないことが大前提で、出し手にとってきわめて安全な資金の運用先です。この前提を不用意に壊すと、金融市場全体に大きな不安が広がります。1997年11月、当時の証券業界準大手だった三洋証券が破綻して、コール取引としては想定外のデフォルト（貸し倒れ）がはじめて起きました。あってはならない事態にコール市場関係者は驚愕し、大きな衝撃が広がりました。絶対に安全なはずのコール市場でのデフォルトは、短期資金を安全に運用したい資金の出し手を委縮させました。借り手の選別は非常に厳格なものになり、リスクが懸念される借り手は資金が借りられなくなりました。コール市場関係者の委縮は、直後に北海道拓殖銀行、山一證券の破綻を引き起こすことにつながり、バブル崩壊後の金融危機はもっとも深刻な局面を迎えました。

†金利を上げ下げする伝統的手段は国債などを売買する公開市場操作

金利を動かすためにどのような演出をするのか。日本銀行がコールレートを下げたいと思えば、日本銀行当座預金の総量を増やしてコール市場で金余り感を作り、コールレートを上げたいと思えば、減らして逼迫《ひっぱく》感を作り出せばよいはずです。

そのための「金融の調節」とは具体的には、どのようなものでしょうか。日本銀行当座預金の総量を増減させる手段は、いくつかありますが、中心的な手段は公開市場操作（オペレーション、オペなどとよばれます）です。

銀行などが持っている日本銀行当座預金の総量を増やして金利を下げたければ、日本銀行は銀行などが持っている国債を買い、その代金を売り手の当座預金口座に振り込みます（買いオペ）。この取引の結果として、日本銀行当座預金の総量は増え、金余りでコールレートに低下圧力がかかります。

逆に、銀行などが持っている日本銀行当座預金の総量を減らして金利を上げたければ、国債を銀行に売り、その代金を買い手の当座預金口座から引き落とします（売りオペ）。銀行と日本銀行の間の取引の結果として、日本銀行当座預金の総量は減り、コール市場に逼迫感が生まれてコールレートに上昇圧力がかかります。この操作はダムや貯水池の水量調節をイメージするとわかりやすいかもしれません（図表1-3）。

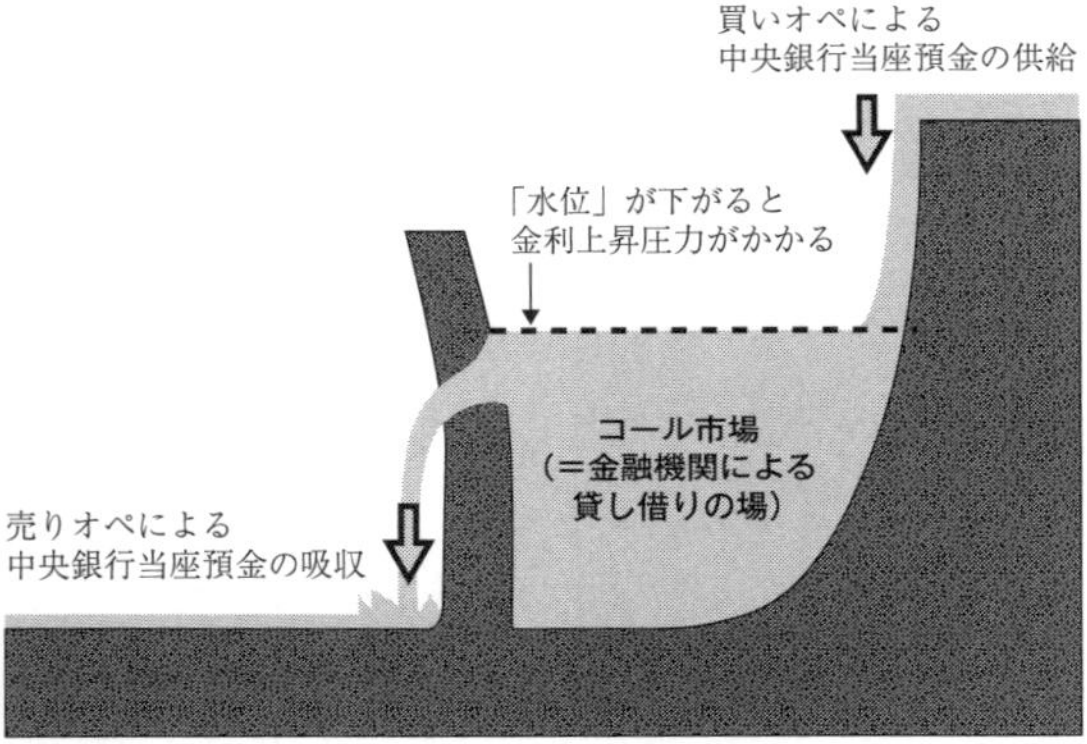

図表１－３　伝統的な金融調節と短期金利の関係

†量的緩和後は日本銀行が払う預金金利水準で金利を誘導

このほか、伝統的な金利誘導では、準備預金制度も重要な役割を果たしていました。これは、対象となる金融機関が預金者から受け入れている銀行預金等に対し一定の比率（準備率）を掛けた金額を日本銀行に預け入れることを義務づける制度で、中央銀行当座預金の需要を人工的に作り出し、需要を安定化させる仕組みです。

ここまでが伝統的な金利誘導の枠組みです。

しかし、量的緩和や異次元緩和などと称して日本銀行が大量に国債を買い続け金利をゼロに抑え込んだあとには、銀行部門全体として決済や準備預金の積み上げのため、という観点からは不必要な巨額の日本銀行当座預金を持たされています。

その状態で日本銀行が「明日からプラスの金利に

誘導する」と決めたら、どうすればよいのでしょうか。

正解は、日本銀行が預かっている当座預金へ金利を払う（付利する）というものです。コール市場で資金を貸している銀行（「出し手」といいます）は、日本銀行当座預金に資金を寝かせておく場合の金利収入とコールレートを比較して行動します。コール市場全体として、資金がだぶだぶに溢れていても、日本銀行が、たとえば、0・1％の金利で預かってくれるかぎり、それより安い金利で他の銀行に貸す必要はありません。安い金利で貸さなくとも日本銀行に預けておけば0・1％の金利収入は確保されるからです。

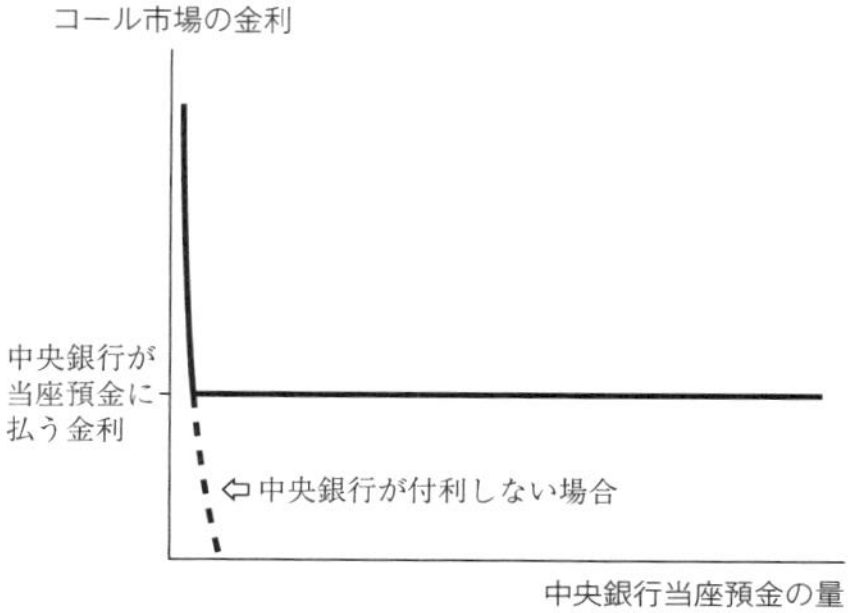

図表１－４　量的緩和後の非伝統的金利誘導（金利と中央銀行当座預金の量の関係の概念図）

　この方法の場合、日本銀行は量的緩和の後遺症として民間銀行に莫大な利息を支払い続けることにはなりますが、有利な利回りのほうで資金を運用ないし調達する、という行動を通じて、日本銀行が当座預金に払う金利に引き寄せられる形でコールレートが形成されていくことになります。[5]

3　いろいろな金利はどう関連しているのか

ここまで解説したように、日本銀行が誘導している金利――これを政策金利といいます――はコール市場などで成立する貸し倒れリスクがほぼない金融機関どうしの間の「満期一日」という超短期で安全な金利です。

しかし、このような超短期の金利自体は、企業や家計の経済活動に直接、大きな影響を与えることはありません。

ひとくちに金利といっても、きわめて多様な種類があります。

一例として銀行の貸借対照表をみると、資産、負債には、コールマネー、コールローンを含め、図表1-5のような多様な項目が並んでいます。ここで挙げられている、預金、債券、貸出金などの大項目の中にさらにさまざまな具体的な項目が並んでいます。たとえば、貸出金の中に、家計の住宅ローンや企業の運転資金、設備投資資金をはじめ、さまざまなものが含まれていて、それぞれの金利は、おのおの独自の要素で決まります。

中央銀行は、政策金利を誘導することで、これらの多様な金利に玉突きのように影響を与え、それを通じて経済活動全体に影響を与えることを期待しているといえるでしょう。

これらのさまざまな金利と日本銀行などの中央銀行が誘導する金利とは、どのような関係があるのでしょうか。

資産	負債
現金預け金	預金
コールローン	譲渡性預金
買現先勘定	債権
買入手形	コールマネー
買入金銭債権	売現先勘定
特定取引資産	売渡手形
商品有価証券	コマーシャル・ペーパー
金銭の信託	借用金
有価証券	短期社債
貸出金	社債
…	新株予約権付社債
	…

図表1－5　金利の受け払いが生じる銀行の資産・負債項目（主なもの）

†満期の異なる金利の関係は投資家の期待（予想）に左右されるはず

国債や社債などが売買される債券市場で決まる金利のなかで、新聞などでとくに注目されているのが、中央銀行が誘導する短期の政策金利と「貸し倒れリスクのない安全資産」とされる国債の「利回り」の間の関係です。

ここで「利回り」というのは「インカムゲイン」と「キャピタルゲイン」の合計の投資元本に対する割合を年率換算した一種の金利です。インカムゲインは債券から得られる利息収入であり、キャピタルゲインは、投資家が債券を償還（払い戻し）のときまで保有した場合の元本の金額と市場でついている債券の時価の金額の差額です。たとえば元本100万円の債券をいま97万円で買えば3万円がキャピタルゲインになります。

さて、いま、コール市場の出し手金融機関が3カ月間手元の資金を運用したい、とします。この場合、コール市場で3カ月間、ずっとコールローンの出し手になって運用する（この場合、得られる金利はそのときどきのコールレート）という方法のほかに、たとえば、満期までの期間が3カ月の短期国債を購入する、とか1カ月の短期国債を買って乗り換える（満期が来たらあらたに1カ月の国債を買うことを繰り返す）などいろいろな運用方法が考えられます。

代替的な運用方法がいろいろある場合、どれかの予想利回りが高ければ、それで運用するほうがトク。だから、予想運用利回りの有利なものでお金を運用しようとするはずです。コールレートは日本銀行が誘導する政策金利ですが、その予想経路と比較して、仮に、満期が1カ月の国債での運用が有利ならその国債に買い手（需要）が集中するため国債価格が上がり（価格が上がるとキャピタルゲインが減少して）利回りは下がります。逆に、この国債の運用が不利なら国債の価格は低下して利回りは上がるはずです。

こうした市場の調整機能（金利裁定といいます）の結果として、コール市場で運用しても、国債市場で運用しても、また、どの満期の国債で運用しても、予想される利回りは均等化するはず……というのが、安全資産どうしで満期が異なるものの金利（利回り）間の関係を考えるうえでの出発点です。この関係に他の追加的な要素が加わって金利が決まる、と考えられています。

コラム　国債はどういう意味で「安全資産」なのか

日本、英国、米国などの国で、自分の国の通貨での返済を約束して発行された国債は、政府が自国の中央銀行に買い取らせることで償還することが原理的には可能です。これらの国の中央銀行は、濃淡はあれ、政府から独立している、という建前ですが、非常時には政府が協力を要請する（あるいは中央銀行法等を改正する）ことで、たとえば、1億円の国債は1億円の自国通貨（日銀券）に交換してもらえる。その意味でデフォルトは原理的にはありえないはずです。

ただ、これは、あくまで「自国通貨を発行している国では、政府・議会・中央銀行が協調すれば、国債と自国通貨を交換させることが理論的に可能」というだけです。現実には、米国内の党派対立で「債務上限問題」（米国では、政府が発行できる国債などの上限が法律で定められており、これを債務上限とよびます。債務が法定上限に達すると、政府は議会の承認を得て上限を引き上げる必要がありますが、議会の承認が得られない場合は、国債の新規発行ができなくなり、国債の元本償還や利払いに回す資金が調達できません。この場合、デフォルトが起きます）がしばしば起き、デフォルト懸念で市場に緊張が走ったり、規律を欠いた減税案をきっかけに2022年に英国国債が暴落、首相が辞任に追い込まれるという事態が起きたり、というように、自国通貨を発行している国でも国債への信認がゆらぎ、市場参加者の不安を掻き立てる事例には事欠きません。

---

†中央銀行は市場参加者の期待（予想）に働きかけて満期の長い金利へ影響を与える

こうした予想の働きは、中央銀行が満期の長い安全資産の金利に影響を与える重要なルートを提供します。

たとえば、日本銀行は、1999年に「先行きも金融緩和を続ける」という「約束」をすることで、より期間の長い金利を下げようとする政策をはじめました。

これは「時間軸政策」とよばれているものです。このとき、短期金利はすでにゼロ％となっていましたが、時間軸政策は、そのゼロ％の短期金利を「デフレ懸念の払拭が展望できるまで」続けると宣言することによって、先行きの短期金利もゼロ％が続くという予想を作り出そうとしました。これによって、先行きの短期金利も低いはず、という予想が生まれ、それを反映して期間の長い金利も低下し、追加的な景気刺激効果を得られる、と考えたのです。

日本銀行は金利を動かす条件を「約束」しましたが、米国の中央銀行である連邦準備制度は、いわゆるリーマン・ショック後、将来の「予想」を語る、という約束よりは緩い手法を使いました。緩い手法、というのは、予想ならば、約束ではないので情勢の変化に応じていくらでも撤回でき、行動が縛られることがないからです。

このように将来の金融政策運営についてのシグナルを出すことで長期金利に影響を与えよう、というやり方は、海外の中央銀行にも広く採用され、約束も予想もひっくるめて「フォワードガイダンス」とよばれるようになっています。

†金利が変動することで生じるリスクの対価としてのリスク・プレミアムもある

短期金利と長期金利の関係には重要な追加的要素があります。

金利が変動することにより損をする危険を回避するために払うコストとしての割増金(リスク・プレミアム)です。

将来の短期金利は確実でなく、予想外に上昇したり下落したりします。

お金の借り手が短期間の借り入れを繰り返す代わりに長期のお金を借りれば、そのリスクは避けられ、今後の支払い金利を確定できます。その対価として、長期の金利には短期金利の予想平均値に「短期金利が変動するリスク」に応じたリスク・プレミアムが上乗せされる、というわけです。

このリスク・プレミアムをターム・プレミアムとよびます。形式的に書くと、

長期金利＝契約満期までの予想短期金利の平均値＋ターム・プレミアム

となります。なお、「ターム・プレミアム」には、なんらかの理由で長期債を満期前に売却することが困難だったり、売ることができても大きな値下がりを伴う可能性が高かったり、といったリスク（流動性リスクといいます）への対価など他の要素も含まれ得ます。

†イールドカーブは満期の異なる金利の関係を示している

満期の異なる金利の関係を示すものとして「イールドカーブ」があります。

イールドカーブの「イールド」は利回りを指し、イールドカーブとは、国債などの債券の利回り水準と国債が償還される（元本が返済される）までの期間（残存期間といいます）

との関係を表す曲線のことで、「利回り曲線」とよぶこともあります。タテ軸に利回り、横軸に償還までに残っている期間をとり、6カ月、1年、2年、……10年などとつないでいくと曲線状のグラフが描けます。

カーブの種類によって「順《じゅん》イールド」（イールドが右肩上がり）「逆《ぎゃく》イールド」（イールドが右肩下がり）に区別され、また曲線の形状変化の仕方によって「スティープ化」（長期のイールドがより高くなり、イールドの右肩上がりの傾きがきつくなる）「フラット化」（右肩上がりの傾きが緩くなり水平に近づく）などに分けられます。

このイールドカーブは、それがどんな格好をしているのかをみれば、債券に投資している投資家が、これから金利がどうなると予測しているのかがわかるため、債券市場で取引をしている市場参加者や政府、中央銀行などから非常に注目されるグラフです。参考までに2022年から2023年にかけての日本のイールドカーブの推移を例として付けておきます（図表1-6）。

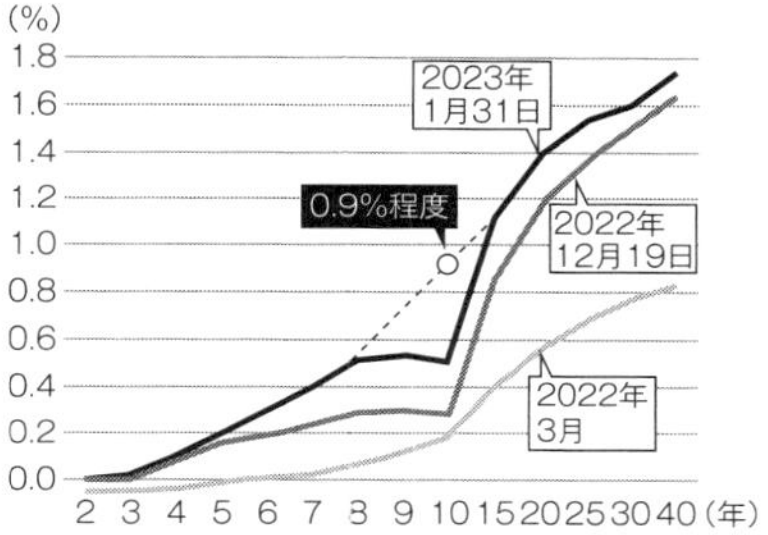

図表1-6　イールドカーブの例
出典　小黒一正「植田·日銀：異次元緩和の修正は必至、金利急上昇リスクも隣り合わせ」2023年３月３日
https://www.nippon.com/ja/in-depth/d00886/

†異次元緩和のイールドカーブ・コントロールは例外的政策

通常、中央銀行は短期金利を操作することに専念し、長期金利の直接的な操作を避け、金融市場での市場参加者の取引で決まるようにしています。それには政府による財政政策ないし「国債管理政策」の領域に巻き込まれる事態を避けるため、などいくつかの理由があります（ちなみに、財務省は、ホームページで国債管理政策について「できるかぎり財政負担の軽減を図りながら、国債が国民経済の各局面において無理なく受け入れられるよう、国債の発行、消化、流通及び償還の各方面にわたり行われる種々の政策のこと」と説明しています）。

ただし、日本銀行は黒田《くろだ》東彦《はるひこ》総裁時代の2016年9月にイールドカーブ・コントロール（YCC）とよばれる、短期金利だけでなく長期国債の金利も操作する異例の政策を採用しました。この政策では、たとえば、短期金利マイナス0・1％、10年物の長期金利0・1％、など短期の金利と長期の金利の両方に目標を設けていました。

この時期、日本銀行は、10年物の長期金利の誘導のために、10年物の国債を大量に買ったり、0・1％の金利水準に見合う価格で国債を買うという公開市場操作（指し値オペ、といいます）を行ったりすることで、長期金利を誘導していました。

こうした政策は、市場に任せておけば滑らかに形成される利回り曲線を歪ませることがあります。たとえば、図表1‐6で示した時期にも、金融市場金利が全体に上がる方向に動いているなかで、日本銀行が10年物金利の一点をYCCで目標金利に無理やり抑え込もうとした結果、イールドカーブの真ん中だけが市場の実勢（0・9％程度）からかけ離れた水準まで凹《くぼ》んだ不自然な姿になっています。

植田総裁は、日本銀行審議委員時代だった1999年の講演で「債券市場は貯蓄と投資がいかなるコストでマッチすべきかを探し出す、つまりコスト水準、価格水準を発見する機能を備える要《かなめ》の市場であり、そういった機能を損なわないことも重要」、と述べ、「また、別の側面から考えてみると、本来金融政策は一つの名目変数をコントロールするものであり、二つ以上の名目変数を長期的にコントロールすることは困難である。従って、短期金利をコントロールしつつ、さらに長期金利もみていこうとするのは中央銀行としてはやや矛盾があるし、いずれにしろ長期的にできることではない」とも述べていました。短期金利だけでなく、長期金利も政策的にコントロールすることに否定的なこうした見解から、植田総裁はYCCには懐疑的だろう、とみられていましたが、実際、2024年3月、日本銀行が異次元緩和をふつうの金融政策に戻す一環としてYCCは撤廃されました。

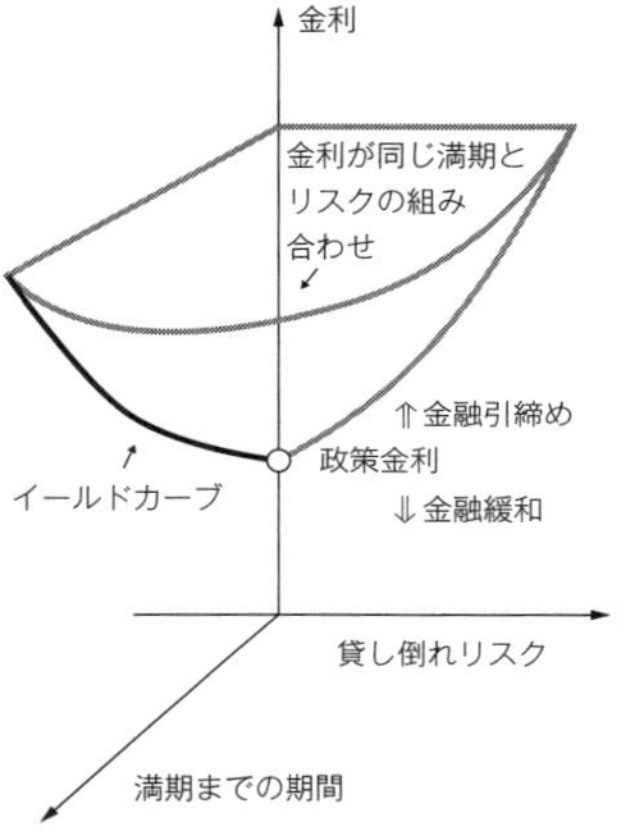

図表1－7　中央銀行の想定する金利体系の概念図

†中央銀行の金融政策は金利体系を上げ下げしたりイールドの傾きを変えたりする

このように日本銀行などの中央銀行の金利誘導は、貸し倒れリスクのない超短期の金利を、公開市場操作や当座預金に金利を払う、などの手法で操作することが出発点です。それがさまざまな満期や貸し倒れリスク（信用リスク）を反映した金利全体の体系の根っこないし基底部分になります。

中央銀行の誘導する金利と金利体系の関係の概念図を描くと、図表1－7のような感じになるでしょう。

この図で、中央銀行の金融政策は、「貸し倒れリスクのない超短期の金利（政策金利）」を動かす政策です。この金利は、金利体系の最低の部分ないし根っこの部分であり、それを上に動かしたり（引締め）、下に動かしたり（緩和）することで金利体系全体を上下に移動させます。そのうえで、政策金利の先行きがどうなるかを予測したり、約束したりするフォワードガイダンスで投資家の予想に影響を与え、イールドカーブの形状を変える、といった試みが行われます。

†完全雇用と物価安定をもたらす金利（自然利子率）と金融政策で決まる金利の関係

中央銀行は、こうした道筋で、金利を操作していますが、実際に金利を動かすうえでの裁量には限界があります。それは、先ほど触れた「なんのために、金利を動かすのか」、という金利操作の目的に照らし、おのずと動かせる範囲が限られる、ということです。

日本銀行をはじめ、多くの中央銀行は物価安定のために金利を操作しています。その場合、金利は一体、どの水準に誘導するのが適切なのか、ということが問題になります。

この問いに対する教科書的な答えは、「中央銀行は実質金利と「自然利子率」との関係をにらんで金利を誘導すべき」というものです。ここで、実質金利というのは、金利から予想される物価上昇率（インフレ率）を引いたものを指します。たとえば、金利が2％で予想物価上昇率が1％なら、実質金利は1％です。なお、実質金利と区別する場合、物価上昇率を考慮しない通常の金利を名目金利とよぶことがあります。

「自然利子率」というのは19世紀にスウェーデンが生んだ偉大な経済学者であるクヌート・ヴィクセルの表現で、ほかにも中立金利、さらにいかめしい「均衡実質金利」、など、

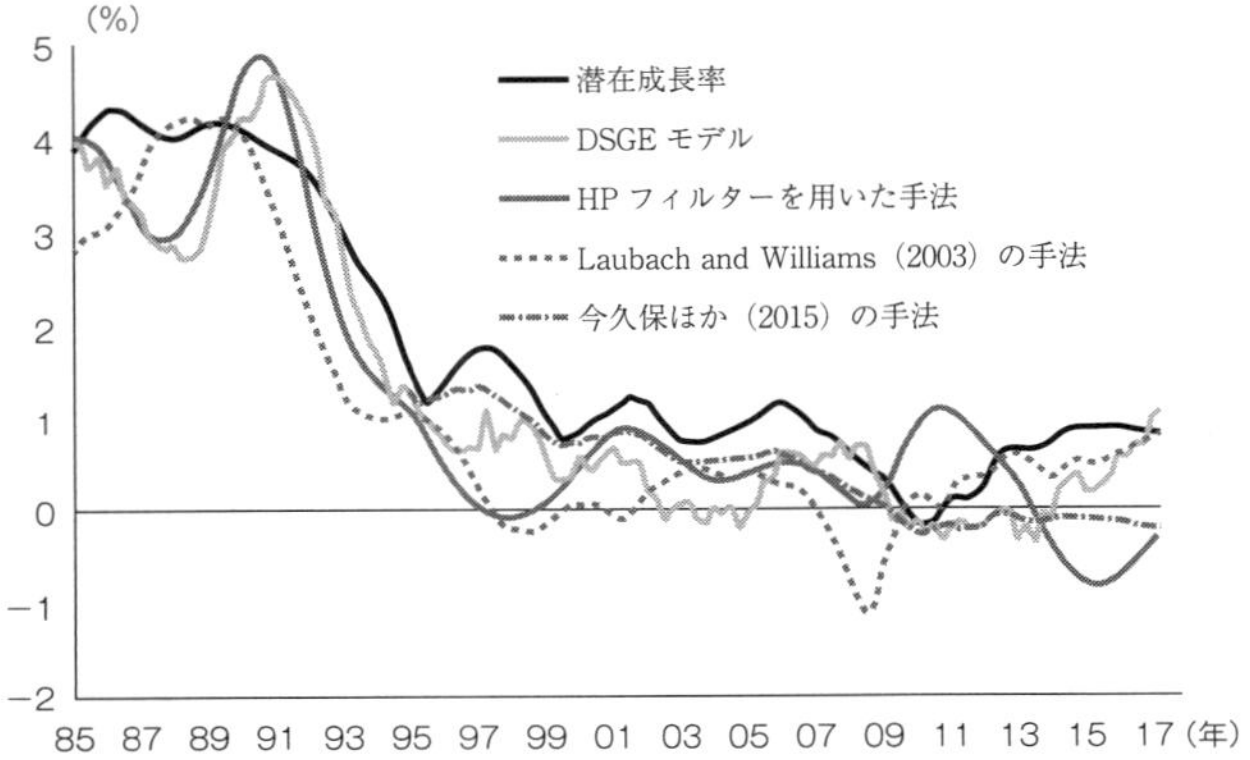

図表 1 - 8　さまざまな手法による自然利子率の比較

注　1．潜在成長率は日本銀行調査統計局の試算値。
2．DSGE モデルは、点推計値の移動平均。
3．今久保ほか(2015)の手法で推計された自然利子率は年限 1 年の自然利子率。
4．HP フィルターを用いた手法、Laubach and Williams(2003)の手法、今久保ほか(2015)の手法は「総括的な検証」で用いた手法。これらの手法の詳細については、岩崎ほか(2016)を参照。

出典　須藤直、岡崎陽介、瀧塚寧孝「わが国の自然利子率の決定要因―DSGE モデルと OG モデルによる接近」『日本銀行 Research LAB』No.18-J-2、2018年 6 月13日

いろいろな呼び方をされています。自然利子率は、とくに断らなければ、名目金利から予想物価上昇率を差し引いた実質金利で測られるのが普通です。

どういう意味で、自然（均衡、中立）な金利なのか、という点についてもいろいろな説明の仕方がありますが、「人や資本が過不足なくちょうどフル稼働（完全雇用）になっていて物価上昇率（インフレ率）が加速しない実質金利」と考えればよいと思います。つまり、長期的に自然利子率と実質金利が等しい状態が続いていれば、景気は過熱も失速もせず物価

は安定しているはず、という金利です。高度成長期には自然利子率は高く、経済が成熟ないし停滞した低成長期には低くなります。

ただし、自然利子率は、直接的には観察できないので推計に頼るしかなく、仮定やアプローチによって結果はまちまちです。図表1-8は、いくつかの代替的な仮定の下で推計された日本経済の自然利子率の推計値と潜在成長率の推計値を比較したものです。

†自然利子率から長期間・大幅に離れた金利誘導はできない

中央銀行は、経済指標を点検し、もし、景気が過熱し、インフレ率が目標を上回る場合には、自然利子率より高い実質金利になるよう名目金利を誘導し、不況で失業率が高まり、インフレ率が目標を下回りそうな場合には、自然利子率より低い実質金利になるよう名目金利を誘導しようとするはずです。

この場合、結局、中央銀行が設定する金利の長期的な動きは、自然利子率のトレンドによって決まる一方、短期的には景気過熱による物価上昇を避けるために自然利子率より高い金利に誘導したり、景気刺激のために自然利子率を下回る金利に誘導したりしているはずです。

その結果、たとえば、長期的に経済が停滞するときには、中央銀行の誘導する金利は下方トレンドに沿って下がっていき、場合によっては金利がおおむねゼロ近傍に貼り付いてしまいます。

むろん、中央銀行の金利操作に裁量の余地がないわけではありません。自然利子率の代替的な推計値のどれが適切かを検討したうえで、どの程度、その自然利子率を下回る緩和方向・上回る引締め方向に金利を誘導し、どの程度の期間、それを維持するか、それについて見通しをどう述べるのか、約束するのか、予想にとどめるのか。そうした匙《さじ》加減が金融政策、ということもできるでしょう。日本銀行が繰り返してきた「粘り強く金融緩和を続ける」、という発言は、金利政策という観点からは「自然利子率を下回る緩和方向の金利誘導を続ける」と解釈することもできます。

なお、金融政策は、これまで自然利子率やそのトレンドに影響を与えることはない、と考えられてきました。しかし、実際には金融政策の匙加減が自然利子率に大きな影響を与えることもありそうです。理論的には、いろいろな可能性が考えられますが、第五章の補論で日本についてのひとつの具体的な懸念をややくわしくとりあげます。

金利政策の理論的支柱としての現代マクロ経済学

中央銀行はマクロ経済政策とされる金融政策を遂行するにあたって、物価や国民総生産（GDP）などの動向を分析する現代マクロ経済学を利用しています。以下、簡単に現代マクロ経済学に至る変遷、その基本思想、有用性と限界に触れておきます。

†金利政策についての現代マクロ経済学思想の変遷

第二次大戦後、中央銀行や経済学界の依拠する金融政策の分析の枠組みは大きな変遷をたどってきました。長い間、中心的な存在であったのは、金利が経済に与える影響を重視する、いわゆるケインジアンの経済学でした。

その後、世界的に高いインフレが蔓延した1970年代には、カリスマ的な自由経済主義者であるミルトン・フリードマンの提唱するマネタリズム（民間企業・家計が保有する銀行券・コインおよび銀行預金の合計量――いわゆる「通貨量」――の安定的なコントロールこそが物価と経済の安定に重要という考え方）が学界にも中央銀行関係者にも大きな影響力を持ちました。

しかし、70年代末からの数年間、米国でマネタリズムを標榜した政策が実践され、それがまったく予想外の帰結——通貨量はコントロールできず驚くほど乱高下したが、この間に出現した劇的な高金利でインフレ率は急速に低下した——がもたらされて以来、しだいに影響力を失っていき、金融政策の表舞台から通貨量がほとんど消え、金利が主役に復権することになりました。

†「合理的な行動」という前提で組み立てられている現代マクロ経済学

こうして、金利は復権したものの伝統的なケインズ経済学の復権にはつながりませんでした。80年代、マクロ経済学者は、人間や企業が合理的に自分の満足や利益を最大化させているという行動（＝最適化行動）を基礎に持つ分析——マイクロ・ファウンデーションに基づく分析——こそがあるべきマクロ経済学である、という考えを強めたからです。

経済全体（マクロ経済）の動向を関心の対象としてきた伝統的なケインズ経済学は、家計や企業の合理的な「最適化行動」に基礎づけられていません。

ケインズ経済学では最初から家計部門や企業部門をひとまとめにした「消費関数」や「投資関数」がマクロ経済分析のツールとされてきました。このことに多くのマクロ経済学者が不満をつのらせマイクロ・ファウンデーションに基づくマクロ経済学の構築が始まりました。企業や家計など経済を構成する個々のプレイヤーの最適化行動を分析し、それが集計された姿としてマクロ経済を分析できる経済学を作ろう、と考えたのです。

こうして新しいマクロ経済学ができあがりました。主要中央銀行も基本的に新しいマクロ経済学に沿った計量経済モデル（理論的関係を実際のデータを用いて現実の各国経済にあてはめ、金利、所得、消費、物価など経済変数間の関係を数量的に明らかにする分析用の経済模型）を用いて経済を分析しています。

†合理的個人・企業の集合体としてのマクロ経済

この分析手法のカギを握っているのはモデルのプレイヤーとしての「代表的家計」や「代表的企業」です。これらのプレイヤーは厳密に合理的な行動を採ることが仮定され、マクロ経済における「家計部門」、「企業部門」は、その「代表的家計」や「代表的企業」がいわば平均値になるように分布していると想定します。そこで、代表的家計や代表的企業の行動をみれば経済全体の挙動を説明できる、というのがこの分析の基本です。

たとえば、「代表的家計」は、金利が上がると、現在の消費を抑え、将来、消費を行ったほうが生涯の消費、ひいては生涯の満足度（効用）が大きくなると考え、金利が下がると現在の消費を増やすように合理的に行動する、と想定されています。代表的な家計は経済全体の家計の平均的な姿ですから、金利引き上げの影響は相似的にマクロ経済に拡大して考えることができるはず、となります。

むろん、現実の家計は、「代表的個人」を平均値としてきれいに分布しているわけではなく、推定純資産が数十兆円といわれるテスラのイーロン・マスクCEOのような人から、日々の生活にも困窮し・借金もままならない広範な低所得者層までさまざまな人々がいます。低所得者層には、自由に貸し借りができないため、金利が変化してもそれに見合う形で現在と将来の消費額を変えるという行動は採れない人々が多く含まれます。資産状況や所得水準の違いがもたらすこのような家計や企業の異質性に着目したモデル（代表的主体モデル〔リプレゼンタティブ・エージェント・モデル〕などとの対比でヘテロ・エージェント・モデルなどとよばれます）は近年、マクロ経済学者の間で大きな関心を集めています。[6]

ただし、こうしたモデルでも、それぞれの人は、所得や保有資産といった条件の違いによる行動の制約に差があるだけで、人々はその制約のもとで合理的な最適化行動を採ることが想定されています（たとえば、借金ができない低所得者は、将来借り入れができないであろうリスクを予見して、将来に備えて前もって貯蓄を積み上げておく、といった合理的な行動を採ることになります）。

†金利政策のロジックが明確に浮かび上がるというメリット

現在、主要中央銀行や国際機関が使っている分析枠組みは、基本的にこうした合理的な行動を前提としています。こうしたモデルのプレイヤーは、政策の変更に応じて経済変数の将来値について確率的期待値を計算し、それをもとに行動してくれます。

中央銀行や国際機関は、このモデルを使って、さまざまな状況をシミュレーションして政策効果を予想したり、代替的な政策シナリオと比較したりします。

マイクロ・ファウンデーションに基づく分析の利点は、シミュレーションの結果が一見、予想外のものであっても、各々のプレイヤーが合理的に行動した結果であるため、結果に至った筋道を理解し説明することが可能な点にあります。

こうした手法は精緻で美しい理論を愛する経済学者や説明責任を求められる中央銀行にとって非常に魅力的で、これが主流になったのは当然でしょう。

ただし、この理論モデルの世界がフィクションにすぎないことも事実です。ここで描かれている経済では、最初に紹介した代表主体型のモデルのほうでいえば、まるで「代表的家計」、「代表的企業」、「政府」、「中央銀行」という4人のプレイヤーが麻雀やトランプのようなゲームをしているのに近い世界です。代表的家計、代表的企業は、政策当局である政府、中央銀行の出す次の一手を注視し、それに対して自分の得点が一番大きくなるように行動する、というわけです。

たとえば、中央銀行が「2%のインフレ率を2年以内に達成することにコミットする」というカードを切り、そのためにゼロ金利政策を続ける、といえば、代表的家計や代表的企業は、そのカードの効果を吟味し、それをふまえて行動する、ということになります。

マイクロ・ファウンデーションに基づく分析を重視するマクロ経済学者は「人間は合理的に行動する」という仮定を徹底させることを当然と考える人が多いと思います。しかし、現実の家計や企業は必ずしもそうでありません。日本銀行自身による「生活意識に関するアンケート調査」によれば、日本銀行が「物価の安定」を目的としていることについてさえ、見聞きしたことはあるが、よく知らないとの回答が半数以上なのですから。

また、おおかたの企業人は、経済学の教科書を読んで、そんな行動はしていない、と考えるはずです。その意味で、これらは非常に非現実的な仮定です。

このことは、経済学や中央銀行の想定するモデル内での家計・企業の行動原理の想定と現実の家計・企業の行動原理に大きなギャップがありうることを反映しているでしょう。

†合理性の仮定を正当化する「ビリヤードの達人」理論

非現実的な仮定を前提にした分析を正当化できる道筋はあるのでしょうか。

この点について興味深いのは、ミルトン・フリードマンの主張です。フリードマンは、経済学界の巨人ですが、１９５０年代に、仮定が非現実的であることは必ずしも理論を無意味にするものではない、と論じています。

彼は人間の行動の前に、樹の葉の茂り方について、「樹木は太陽から受ける光の量を最大化するように葉を茂らせている」、という仮説は、樹木がそのように考え・行動していなくても有用でありうる、と論じます。

そのうえで、人の行動についてビリヤードの達人の球筋を予測する、という例を挙げています。[7]

よく知られているように、ビリヤードは、クッションで囲ったテーブル上で「キュー」とよばれる撞棒《つきぼう》で止まっている玉（手玉《てだま》）を撞《つ》き、テーブルの上にすでにある玉（的玉《まとだま》）に衝突させ、それらの玉の挙動を思い通りにコントロールすることで点数を競う球技です。キューを撞く最適な角度・速度について物理学的な最適解が存在することは間違いないでしょう。

フリードマンは、ビリヤードの達人の球筋を予測するのに、彼が、あたかも最適解を導く複雑な物理学上の数式を知っているかのように仮定して予測するという仮説を擁護します。ボールの位置を正確に見積もり、必要な数式からベストの軌跡を導く計算を瞬時に行い、それからボールを数式で示された方向に移動させることができるという仮説を採用すべきだ、というのです。

しかし、フリードマンは、この仮説への信頼は、ビリヤードの達人が、実際にこうした手順を経るはずという信頼に基づくわけではなく、ビリヤードの達人は、同じ結果に到達する能力がある、という確信に由来している、としています。ビリヤードの達人は、どのように玉を撞けばよいかを知っており、その答えが物理学的な正解とつねに一致する以上、彼は物理学的な軌道計算の正解を知っているかのように仮定することが適切だ、というのです。

フリードマンは、こうした例から、いろいろな状況のもとで「個々の企業が期待される収益を合理的に最大化しようとしているかのように振る舞うという経済学の仮説」への移行には、ごくわずかな距離しかない、とします。

個人や企業の行動を分析する伝統的なミクロ経済学では、企業は、あたかもその企業の生産する財の生産費用関数と需要関数を知っており、限界費用（追加的な費用）と限界収益（追加的収益）を計算し、それらが等しくなるように行動すると仮定します。それが、企業の利益を最大化させる数学的な条件だからです。

この仮定についてフリードマンは、もちろん、実際には、企業は、数理経済学者がこの仮説を表現するために便利だと考える方程式体系を解くわけではないだろう、と言います。しかし、それはビリヤードの達人は複雑な数学的計算を行ったうえで、玉を撞くわけではないのと同じかもしれない、というのです。ビリヤードの達人は、どこにボールを打つかを決める方法を尋ねられた場合には、「単にわかるのだ」と言ったりし、その一方で（幸運のお守りである）「ウサギの足」をこするオマジナイに頼ったりする。同じように、企業家は「市場の状況に応じて調整はするが、平均費用で価格を設定している」、などと言うかもしれない（理論的には平均費用に基づいて価格を設定すると利益は最大にならないはずです）。しかし、フリードマンはこうした当事者のコメントがあるからといって、彼らの合理的な行動を仮定するモデルは誤りだ、とはいえない、と主張しています。

この考え方が正しければ、モデルの仮定の非現実性を緩和するために、分析モデルのプレイヤーの合理性を緩めたり、新たなプレイヤーとして「合理的でない行動をする家計、企業」を追加したりする必要は必ずしもないことになります。消費者も企業もビリヤードの達人同様にそれと意識することなく合理的な最適化行動を採っている、という仮説は経済学者にとっては魅力的です。ただし、次の章で説明する「人間には合理的でない行動をするバイアスがある」という行動経済学的知見とはあいません。

それでも、現代マクロ経済学のトランプ・ゲーム型モデルの有益性は、フリードマンに言わせれば、仮定が現実的か否かではなく、それで現実をうまく説明できているかしだいだ、ということになるのかもしれません。

注

1 筆者が金融政策の観点から金利について取り上げた本は翁邦雄『金利と経済』（ダイヤモンド社、2017年）です。なお、以下の参考文献の中には、自著もかなり入れてあります。これには、この本の記述の多くが、かつて自著でくわしく書いたものを要約したり大幅に加筆修正したりしているものになっているため元ネタをはっきりさせておきたい、という理由があります。

2 中央銀行の視点をもっとも前面に押し出して書いた本としては、翁邦雄『金融政策──中央銀行の視点と選択』（東洋経済新報社、1993年）があります。これは、上智大学教授であった岩田規久男氏との金融政策を巡る論争（いわゆるマネーサプライ論争）をふまえて中央銀行サイドの考え方を説明する内容の本で、この本の場合には問題意識と副題には必然性がありました。なお、ちくま新書には、2013年に出た『日本銀行』という中央銀行の歴史と業務、政策史をふまえた日本銀行についての解説書があります。

3 国民が物価や金融政策に無関心であることが望ましい、という点についてのグリースパンの考え方は、翁邦雄『人の心に働きかける経済政策』（岩波新書、2022年）の第4章でややくわしく紹介しています。

4 引用はバーナード・マラマッド『マラマッド短編集』（加島祥造訳、新潮文庫、1971年）に拠っています。

5　日本銀行は一時マイナス金利政策を採用していましたが、すでに撤廃された政策であり、この本では、日本銀行がコールレートをマイナス金利に誘導していた具体的方法の説明は、見合わせました。マイナス金利政策については、翁邦雄『金利と経済』（ダイヤモンド社、２０１７年）の第5章で欧州の先行事例、第6章でそれを参考にした日本銀行の手法と功罪などを解説しています。

6　ヘテロ・エージェント・モデルについての解説としては、やや専門的な論文ですが、岩崎雄斗、須藤直、中島誠、中村史一「HANK研究の潮流――金融政策の波及メカニズムにおける経済主体間の異質性の意義」（『金融研究』第40巻第1号、２０２１年2月）などがあります。

7　「ビリヤードの達人」についてのフリードマンの議論は、Friedman, M.（1953）.“The Methodology of Positive Economics,” in *Essays in Positive Economics*, Chicago: Chicago University Press, pp. 3-43に拠っています。この論文は、経済学における「仮定」や「理論」の意味について掘り下げ、広範な視点から経済学の方法論について論じているもので、「ビリヤードの達人」の比喩は、その導入部で挙げられているいくつかの例のひとつです。

第二章

金利はなぜ「特殊な価格」なのか

第一章では、一国経済全体の金利水準に中央銀行が期待している役割は、家計や企業がいま支出するか、将来支出するかの判断基準だ、ということを書きました。金利が高ければ、現在の支出が割高だからいまは支出を控えたほうがよい、というのは、品物が安ければ沢山買い、高ければ少ししか買わない、という品物の価格と共通のシグナル機能です。

しかし、個々の企業や生活者の金融取引のレベル、ミクロのレベルで金利を考えると、「お金のレンタル料率としての金利」には、ふつうの財・サービスの価格と異なる性質があり、その意味で、「特殊な価格」ということができます。

1　ミクロ経済学からみた金利の特殊性

価格としての金利の特殊性には、いろいろな要素があります。

一つは、文化ないし社会規範の観点からみた特殊性です。ここでいう社会規範は、さまざまな集団（組織、地域、国家……）が作り出している「社会」の中で共有されているルールのことで、その社会に属する人が当然に従うことが期待されている行動原理です。宗教的ないし文化的背景を反映した強固な社会規範もあれば、後の章で登場するその時々の世論に応じて変化する流動的なものもあります。金利にかかわる強固な社会規範については、補論でさまざまな社会におけるその歴史的展開、経済合理性との折り合いをつける工夫などを紹介することとし、以下では、ミクロ経済学的な観点からみた特殊性について考えたい、と思います。

貸し倒れリスクの存在

この観点からは、まず、借り手が借りた金を返せない（あるいは返さない）かもしれないという貸し倒れリスクがきわめて重要になります。

20世紀の英国経済学界を代表する経済学者であるジョン・ヒックス卿は、1967年に経済史についての連続講義をしています。その内容をまとめた著書[1]には、金利（利子）が存在する理由について次のように書かれています。

> 返済についていささかでも疑いがある限り、当然利子は存在する。なぜなら、何人も商取引であるかぎり、元金返済の見込みが一〇〇％でない場合には、貨幣を手放そうとしないからである（もちろん、債務不履行の危険に対する補償が利子の生ずる唯一の理由ではないが、ここでの議論においては重要な理由である）。債務不履行の危険が大きければ大きいほど、（他の条件が同じであるならば）より高い利子が課されることになる。

つまり、ヒックスは「債務が履行されないというリスクへの対価」こそ歴史的にみて金利の中核的要素である、と述べています。

第一章で「長期の金利には短期金利の予想平均値に「短期金利が変動するリスク」に応じたリスク・プレミアムが上乗せされる」ことに触れましたが、ヒックスの関心は貸し倒れリスクに対応する危険手当＝割増金（プレミアム）です。「貸し倒れリスク」への対価を信用リスク・プレミアムともよびます。

†缶ビールを購入する取引と消費者金融取引の違い

このことと関連する重要な要素として「情報の非対称性」とよばれるものがあり、金利の「価格としての機能」を大きく制約しています。

そのことを考えるために、まず、情報の非対称性のない、普通の財やサービスの価格機能を考えるところから始めましょう。

日曜の午後、スーパーに行って買い物をすることを考えましょう。この日は、自分が好きな缶ビール、たとえば「一番搾り」が特売で安かった、とします。予算に応じて、何缶か、あるいは何ダースかをカートに載せ、レジに行きます。支払いを済ませればビールが手に入り取引がおわります。めでたし、めでたし。

この例の場合、缶ビールの質は、どのスーパーで買ってもほぼ均一と考えてよく、売り手と買い手の間の缶ビールの質についての情報量の差（情報の非対称性）はありません。こうした取引では、価格は円滑に「シグナル」の役割を果たします。価格が安ければ、それがシグナルとなって人々がそのビールをたくさん買おうとする、つまり需要が増えます。もしたくさん売れるようであれば、そのシグナルを受けたメーカーは大麦やホップをもっと仕入れたり、人を雇ったりして増産するでしょう。このように、ふつうの財やサービスにおいては、価格の上下がシグナルとなって必要な用途に資源が振り分けられる、と考えられています。

お金のレンタルのほうは、そう簡単ではありません。たとえば、消費者金融から3カ月間、年利18％で10万円借りる、という契約の場合、まず10万円借り、3カ月後に10万4500円返済してやっと取引が完結します。

レジでビールと交換に現金を入手できたスーパーと異なり、消費者金融会社側からみれば、半年後に本当に「おカネを返す」という約束が守られるのかは不確実です。

問題は、このような状況のもとでは、金利に缶ビールの価格のような需要・供給を調整するシグナル役を必ずしも期待できない点にあります。

†金利の価格機能に欠陥をもたらす「レモン問題」

なぜ金利は価格としてうまく機能しないことがあるのでしょうか。[2]

価格がシグナル機能を果たしていれば、その時点でもっとも高い価格を払うと申し出た人に売ることが資源配分上は望ましいはずです。たとえば、ピカソの絵は2015年のオークションで、約1億8000万ドルで競り落とされましたが、驚異的な高価格を払うだけの価値があると評価する買い手が入手し、売り手も一番高い代価が得られていますから、その意味で、望ましい取引、といえるはずです。

同じように金利がシグナルとしてうまく機能するなら、お金の貸し手は、いちばん高い金利を払う意志のある人から順に貸すのがよい、ということになるはずです。

しかし、それは必ずしもうまくいきません。そうならないのは、お金を貸す人と借りる人の間で、情報のギャップないし非対称性があるからです。

お金を借りる側は、自分にとりあえず借金を返す気があるか・返せるだけの稼ぎないし資産があるか、などを知っています。しかし、貸す側は、それを正確には知りません。こうした状況が「情報の非対称性」です。これは、きわめて重要な金融取引の障害です。第一章で紹介した小説「最後のモヒカン族」のなかで「靴下に投資すると儲かるから金を貸して」と持ち掛けられたフィデルマンは、借金を断ります。フィデルマンは旅先で出会ったばかりで正体不明のジュスキントについてなにも知らないのだから儲け話を信じて金を貸すことはできません（そして、この二人の関係はどんどんこじれていきます）。自分の借金返済能力・返済意志について、お金を借りる側は情報優位にあり、貸す側は情報劣位にある、などといいます。

情報の非対称性という問題に最初に光を当てたのは、カリフォルニア大学バークレー校のジョージ・アカロフです。その「レモン市場——品質の不確実性と市場メカニズム」という論文は、ヒックスが『経済史の理論』を公刊した翌年に学術誌に載りました。[3] このアイディアを金融に応用してみせたのはコロンビア大学のジョセフ・スティグリッツでした。ちなみに、彼らは2001年にいわゆるノーベル経済学賞（正式にはアルフレッド・ノーベル記念スウェーデン国立銀行経済学賞）を共同受賞した三人のうちの二人です。

†「隠された情報」が欠陥品を跋扈させる（逆選択）

アカロフ論文の標題の「レモン市場」は、果実としてのレモンの市場ではありません。Lemonを英和辞典で引くと、レモンの果実・樹木・風味・色などの語義の次に、口語表現として、できそこない、欠陥品などの語意があげられています。アカロフは、欠陥品、具体的には「レモン」とよばれる質の悪い中古車を分析対象にしました。

自動車の場合、新車の品質は、(多少のあたりハズレはあるにせよ)基本的に均一ですが、中古車市場に登場する車の品質のバラツキはきわめて大きいはずです。むろん、これまでその車に乗ってきた売り手は、どの程度の品質の車かを正確に知っています(「情報優位」にある、といいます)。他方、外見だけしかわからない買い手は、ひどい欠陥車(レモン)なのか、高品質車なのかは判断できません(「情報劣位」にある、といいます)。

情報の非対称性が放置されたままだと、価格はシグナルとしてうまく機能せず、「良い車」が市場から逃げ出してしまい、粗悪品だけが市場を席巻して市場は壊れてしまいます。

なぜ「良い車」は、市場から逃げ出すのでしょうか。たとえば、個々の中古車の良し悪しがわからないまま中古車販売店が平均的と思われる品質で値段を付けたらどうなるか、を考えてみましょう。

平均より品質の良い車の価値は売値(平均的品質の中古車の価値)より高いから、あきらかに売るのは損です。したがって、良い車の持主の多くは売るのをやめるでしょう。一方、平均より質の悪い車の持主は、売ると得だから、喜んで売りに出すでしょう。

その結果、中古車市場に出てくる車の平均的な質は下がり続け、中古車売買がうまくいかなくなる可能性があります。これは情報の非対称性のなかで「隠された情報」がもたらす問題で、「逆選択（アドバース・セレクション、逆選抜ともいいます）」、つまり好ましくないものだけが市場に生き残って跋扈《ばっこ》する、という状況をもたらします。

†隠された行動で貸し手を欺く（モラルハザード）

この情報の非対称性の問題を金融論に応用したのがスティグリッツの論文です。情報の非対称性がある場合、高い金利を払ってもよい、という借り手が、高い金利は払えない、という借り手よりも貸し手にとって望ましい取引相手とは限らないのです。

スティグリッツは、『新しい金融論』[4]のなかで、自分の論文を完全には理解できていなかった、という彼自身の経験を使って、この問題を説明しています。

スティグリッツは、有名になったこの論文を書いたすぐ後の時期に[5]、たぶん、それまで彼が余暇を楽しむために利用していたと思われるお気に入りのニュージャージー州の農場を賃貸することに決めました。その農場の利用権をオークションにかけたところ、利用権は予想以上の高い賃料で落札されました。

ホクホクしていたスティグリッツが見抜けなかったことは，落札者が賃貸料を踏み倒すつもりならそれがいくら高くてもかまわない、ということです。落札者はスティグリッツの農場を借りて使いはじめましたが、賃貸料は払いませんでした。落札者は、ニュージャージー州の法律で、人を立ち退かせるのにどれだけの期間がかかるかを知っていて、高い賃貸料の支払いを約束するだけで、結果的に6カ月間、無料で農場を使うことにまんまと成功した、とスティグリッツは回顧しています。6カ月好き勝手に使った後、たとえば夜逃げするつもりなら高い賃料の支払いを約束しても苦になりません。これは情報の非対称性のなかで「隠された行動」がもたらす問題であり、「モラルハザード」とよばれます。

このオークションと同じように、もし、お金の借り手候補が借金を踏み倒すつもりなら、いくら高い金利でも「喜んで払う」と言うはずです。逆に、借金は約束どおりに返済しなければならないと考える良心的な借り手は、高い金利を提示されれば借金することをあきらめるはずです。つまり、高金利は、確実に返済するつもりの良心的な借り手を「淘汰《とうた》」し、踏み倒すつもりの借り手だけを集める結果になってしまうかもしれません。この場合、高い金利を要求することは必ずしも最良の借り手を選ぶ役には立たないのです。

金融取引、とくに零細企業や個人との取引では、情報の非対称性はきわめて大きくなります。貸し手は「隠された情報」による逆選択（金を稼げるあてのない人間ほど借金に頼らざるを得ない）という問題や、お金を貸した後の借り手の振舞い（商売の元手にするかギャンブルに使ってしまうか、そもそも金を返す気があるのかはわからない）というモラルハザードの危険に直面します。貸し手は借り手の情報を極力集めてリスクを評価しようとしますが、簡単ではありません。

†ヒトに「明日の自分の行動」を見誤らせる「現在バイアス」

モラルハザード（隠された行動）の問題は掘り下げていくと、さらに複雑な要素をはらみます。借り手は、借りるときには返すつもりでも、いざ返すときが来ると、気が変わるかもしれないからです。しかも、お金を借りた時点では、そのことに自分でも気が付いていない可能性があります。

人間は、伝統的な経済学が仮定しているほど合理的に行動するわけではなく、しばしば不合理な行動を採ります。ただし、それらの行動には多くの場合、規則性があります。70年代後半以降、行動経済学者は人間のそうした側面に光を当てはじめました。その一つが現在バイアスです。[6]

これは「今の満足」の価値と「明日以降の満足」の価値を比較した場合、「今の満足」の価値が突出して高い傾向です。

抽象的に書くより、具体例を挙げましょう。よく出される例は、ダイエットの失敗です。健康診断で、医師から「あなたは太りすぎですね。健康上の問題が起きかねません。減量して適切な体重に落としてください」、と指示されたとしましょう。

この診断の正しさは、疑う余地はありません。かつてのお気に入りのスーツが着られなくなって久しいし、ダイエットで体重を落とせば、より活動的で健康的になり昔の服も着られる体になるはずだからです。その価値がきわめて大きいことはよくわかっています。しかし……明日からはダイエットせざるを得ないにしても、今日だけは好きなものを食べておきたい。ダイエットは、明日からはじめよう。というように、多くの人には、今日だけは……という「今日の満足」の価値がきわめて高い傾向があります。

現在バイアスの強い人にとっては、今日、フライド・ポテトをビールで流し込む満足は、将来の健康体やお気に入りの服が着られるようになる満足に比べてきわめて大きいのです。

その一方で、「今日」の時点でみると、「明日の満足」の価値と「あさって以降の満足」の価値の差はそれほど大きくありません。だから、今日はたっぷり食事をし、明日からはダイエットの苦痛に耐え、あさって以降の健康状態および体形改善という成果をめざすのが適切な選択にみえてしまいます。

ところが、夜が明けて、明日になると、「今日」になったその日の満足の価値はやはりきわめて大きいことに気が付きます。決意していたダイエットの開始はもう一日先延ばしするのが「合理的」になり……と、どんどんダイエットは先送りされ、結局、いつまでも十分すぎる食事を続けてしまうことになります。これが現在バイアスの罠です。

実際、インターネットで「ダイエットできない人がよく使う言い訳のランキング」を検索してみると、ぶっちぎりのトップは「明日から頑張る」であり、アンケート回答の中で突出していることがわかります。

現在バイアスが強すぎる人は、ダイエットに限らず借金返済行動にも矛盾が生じます。借金をして、それを飲み代に充てた、としましょう。こんな生活は今日が最後だ。明日からは、まじめに働いて借金もきちんと返そう。今日は、切実にそう思っていたとしても、明日……その決意が揺らいでしまう人も数多くいます。明日の自分の行動は、今日の自分にとっても「隠された行動」である可能性がある、ということです。

†自分をコントロールできなくなるギャンブル依存症

さらに、借り手の中には、依存症などで借金依存から抜け出せなくなってしまう人もいます。

特に問題になるギャンブル依存症はギャンブルを繰り返すうちに、いくらやっても満足できなくなり、際限なくギャンブルを繰り返すようになる病態です。そういう人にとって不幸なことに、パチンコやスロットは全国どこにでもあり、いつでも利用できてしまいます。

この他にも、競馬、競輪、競艇、宝くじ、株式投資、外国為替証拠金取引（FX）など引き金になる「ギャンブル」は多岐にわたり、それらにより返せない借金を重ねるなどの経済的な問題を起こします。

株式投資などは狭義のギャンブルではありませんが、株式投資にのめり込んで借金がかさみ、歯止めがきかなくなっている人の脳には、ギャンブル依存症と同じ病変があり、ギャンブル依存症治療が有効とされているので、その点では同じなのです。

最初は、ストレス発散に加えてちょっとお金が儲かればいいかな、という軽い気持ちでギャンブルをしていた人が、そのうち、大事な予定があっても穴をあけ、使う金額をあらかじめ決めていても守ることができず、ギャンブルに歯止めがかからなくなってしまい、「残業している」と家族に嘘をついたり、仕事をさぼったり、とにかく無理に時間を作ってギャンブルに行くようになる。給料では足りなくなって消費者金融から借り、返せなくなると母親に泣きついて肩代わりしてもらい、それを4〜5回繰り返し、最終的には、これ以上肩代わりしてもらえないところまで追い詰められる、というようなことも生じます。[7]

高金利の金をあらゆるところから借りまくり、結果として借金は雪だるま式に膨らむ。だが返すあてはない。危ない貸し手に頼るようになることで過酷な取り立てにさらされ、本人も家族も身心共に疲弊し、家庭が崩壊していく。いわゆる「サラ金地獄」です。

コラム　水原一平元通訳とギャンブル依存症

2024年3月、この節の話との関係でどうしても触れたくなる大きなニュースが米国から飛び込んできました。ドジャースの大谷翔平選手の良き相棒として敬愛され、教科書にも取り上げられかけた水原一平元通訳が違法賭博で負けが込み、大谷さんに成りすまして大谷さんの銀行預金を引き出し、銀行詐欺などの疑いで訴追された事件です。スーパースターを支える献身的で誠実な人というイメージの人物がとんでもない犯罪に手を染め、転落する姿には多くの人がショックを受けました。しかし、「ギャンブル依存症」は、脳の病変をもたらします。ギャンブルにはまる前の水原元通訳の人物像はわかりませんが、仮にかつては事件前のイメージの通りきわめて善良な人物であったとしても、ギャンブル依存症になれば、同じ人物とは思えないような犯罪に手を染めてしまうことは不思議なことではありません。なお、2024年4月12日にロサンゼルスの地裁に水原元通訳が出廷した際、地裁は保釈の条件の一つとして、ギャンブル依存症の治療を受けることを加えています。

2　家計にとっての金利はどう決まっているか

次の章以下の議論のために、金利の特殊性の影響についての議論もふまえて、金利相互間の関係を家計や零細企業を意識して整理しておきたいと思います。

†貸し倒れリスクのある借り手の金利には信用リスク・プレミアムが上乗せされる

第一章では、貸し倒れの可能性がない金利、たとえば、短期国債と長期国債の利回りなどの関係について、

長期金利＝契約満期までの予想短期金利の平均値＋ターム・プレミアム

と表現できる、と書きました。ここでの長期金利は安全資産なので、

安全資産の利回り＝満期までの予想短期金利の平均値＋ターム・プレミアム

と書いてもよいでしょう。これを貸し倒れのリスクがある場合に拡張すると、

信用リスクのある資産利回り＝安全資産利回り＋信用リスク・プレミアム

と書けます。

国、地方自治体、一部上場の大企業などが発行する債券などの場合には、格付け会社（米国のムーディーズやS＆Pなど、格付け対象の情報を集めて信用力を評価し発表する民間企業）の「格付け」を反映した信用リスク・プレミアムが安全資産の利回りに上乗せされます。

†借入金利を左右する要素は消費者金融と住宅ローンで大きく異なる

この整理を家計に応用しましょう。

家計のミクロ的な経済活動にとっても、いろいろな異なる金利が関係し、とくに借入金利が家計に大きな直接的・間接的影響を与えているはずです。家計が影響を受ける金利についても、形式的に整理した場合には、大企業の場合とほぼ同じで、

家計の借入金利
＝（A）借入期間における予想短期金利の平均値
＋（B）金利変動リスクを反映したターム・プレミアム
＋（C）信用リスク・プレミアム

ということになります。しかし、金利ごとにA、B、Cのどの要素の影響を強く受けるのかが大きく異なってきます。

金利が家計に影響を与える経路

多くの家計にとって重要なのは、住宅ローン金利と、消費者金融からの借入金利でしょう（資産である預金の金利も本来はきわめて重要ですが、日本の場合、預金金利は長年、実質的にゼロなので、この本では預金金利は取り上げないことにします）。

まず、住宅ローンについては、将来、金利が上がるのか・下がるのかについての予想を反映するAとその不確実性を反映するBが、重要です。

これに対して、消費者金融の金利については、A、Bはほとんど関係なく、貸し倒れリスクを反映するCが圧倒的な重要性を持っているはずです。また、消費者金融の金利についてはもうひとつ重要な要素として、法律による金利上限規制があります。その影響はきわめて大きいと考えられますが、次章で説明するように、A、B、Cと対応しない不当な高金利を容認しているのか、Cを無理に圧縮して結果的に借り手を締め出しているのかで、まったく異なった影響を家計にもたらしているはずです。

†金利政策がもたらす円安・円高は企業や家計に大きな影響を与える

もうひとつ、金利が家計に与える影響として無視できない経路があります。為替《かわせ》レート（為替相場）です。為替レートは、円、ドル、ポンドなど異なる通貨が交換（売買）される際の交換比率を指します。

為替レートの決まり方には、固定相場制と変動相場制があります。固定相場制では、為替レートは、たとえば1ドル＝360円、1ユーロ＝1・2スイスフランなどと固定され、その相場を維持するために、各国の政府や中央銀行が行動します。市場の売買で決まる価格ではなく、管理された公定価格です。

これに対し、現在、日本を含む多くの国で採用されている変動相場制の場合は、円、ドル、ユーロ、ポンドなどが為替市場で売買され、そこで為替レートが決まります。ニュースなどで、「本日の東京外国為替市場の円相場は、1ドル＝161円05銭と、前日に比べて5銭の円高ドル安で推移していますなどとアナウンスされていますが、この場合の為替レートは「インターバンク取引」という、銀行間での卸値段階の取り引きで成立した相場を指します。変動相場制では、政府や中央銀行は、基本的には、そのなりゆきを尊重する、というのが建前です（ただし、相場が不安定な動きをした場合は、政府や中央銀行が例外的に外貨を売買して為替レートの安定化をめざす「市場介入」を行うことがあります）。

このシステムにおける為替レートの決定メカニズムは複雑ですが、内外の金融資産間の金利の差が重要な役割を果たしている、と考えられています。円・ドル相場であれば、投資家は円建ての債券の利回りとドル建ての債券の利回りを比べ、有利なほうの債券を選ぼうとします。たとえば、ドルの金利のほうが円の金利より高くなると、投資家がドルを選ぶために円が売られることで円安傾向になる、といったことです。円高・円安の影響は輸出関連企業と家計に逆方向に作用します。たとえば、円安は輸出企業の利益を膨らませますが、家計の生計費を高騰させ生活を圧迫します。

以下の章では、以上の整理をふまえて、金利が家計に与える影響を取り上げていきます。

補論　社会規範からみた金利の位置づけ

何かを売ったらその対価を求めるのは当然です。

しかし、歴史的にみると、金を貸す対価として利息をとることに否定的な社会規範や、借金帳消しに寛容な社会規範がきわめて強力でした。その意味でも金利はきわめて特殊な価格です。その影響は今日にもおよび、イスラム圏では、現在もシャリーア（イスラム法）で金利授受は禁じられ、市場原理とせめぎあっています。

1　金利に関する西欧の社会規範

金利に関する西欧の歴史を振り返ると、ユダヤ教社会、キリスト教社会を通じて金利は社会規範により厳しい制約を受けてきました。

†同胞から利子を取ってはならないという旧約聖書の規範

ユダヤ教の正典である旧約聖書の「申命記」は、死を目前にしたモーゼがモアブの荒れ野で民に対して行った最後の説話をまとめたものと、されています。その23-20には、

同胞《どうほう》には利子を付けて貸してはならない。銀の利子も、食物の利子も、その他利子が付くいかなるものの利子も付けてはならない。
外国人には利子を付けて貸してもよいが、同胞には利子を付けて貸してはならない。

とあります。[8]

利子をとることは外国人に対しては許されるが、同胞に対しては許されない。

これは「同胞」を最小単位の血縁共同体である「家族」とすれば、それほど不自然ではないかもしれません。しかし、この規範はユダヤ教社会全体、そして中世キリスト教社会全体の構成員を律するものとして受け継がれていきました。

中世キリスト教社会で、たとえば、「100ダカットの金を貸す対価として、1年後に5ダカットの利息をつけ105ダカット返してもらう」(ダカット ducato は当時流通してい

た金貨で、シェークスピアの「ヴェニスの商人」にも登場します）という場合、利息（5ダカット）はウスラ（usura、英語ではusury、日本語では徴利《ちょうり》という訳をあてる）とよばれ、借り手にウスラを要求することは、忌むべき行為として禁じられていました。

ただし、その後、キリスト教圏ではしだいに金利が表舞台でも容認される方向になっていきます。

✝公正な金利を容認したマルティン・ルター

そこで重要な役割を果たしたのは「公正性」と「金の貸し借りにかかわるリスク」の存在です。

その一端をマルティン・ルターの著作にみることができます。

ルターは16世紀に宗教改革を先導した存在としてあまりに有名ですが、商工業にも深い知見を持っていました。彼の父ハンスと弟ヤコブは、当時の有力な資本家であったフッガー家のために破綻に追い込まれた実業家でした。ルターはその過程をつぶさに見ていたでしょう。

ルターには「商業と高利（英訳ではOn Commerce and Usury）」という著作があります。[9]
ルターの著作集を編纂した松田智雄《ともお》によれば、この著作は、カール・マルクスも賞賛している、とのことですが、この中でルターは、現在でも行われていそうなあくどい手口も含め、当時の商取引の実態を生き生きと描いています。

商取引を動かす市場原理を深く理解する一方、金利の受け取りを忌むべき行為とするキリスト教の指導者でもあったルターが、この矛盾を解決する手掛かりとしているのは「公正性」です。

まず、ルターは、商取引について、商品をできるかぎり／あるいは好きなだけ高く売りたい、と言うべきではなく、「公正な価格で売りたい」、と言うべきだ、と強調します。

しかし、何をもって公正というのか。この問いに対してルターは、「答え。もし一人の商人が彼の商品に対して彼が要した費用を支払い、彼の努力と労力が報いられ、彼の危険が報いられるだけの程度の利益を得るならば、それはまさしく公正なのである」（傍点引用者）と答えます。

「商品は公正な価格で売るべきである」という主張は、13世紀にキリスト教の教義についての「スコラ学」を『神学大全』によって集大成したトマス・アクィナスによってすでになされていたとのことですが、ルターはそれを受け継ぎ、公正な価格には、商人がその商品のために払った費用と彼の努力・労力の対価（利益）、さらには彼がその取引のために冒した危険への報酬（リスク・プレミアム）が含まれる、と整理しています。

その結果、ルターの「商業と高利」には、「貸したものより良いもの、あるいはより多くのものをとりもどすつもりで貸す者は、公然たる罰当《ばち》りの高利貸しである」、とウスラを否定する伝統的なキリスト教の主張をなぞっている部分もある一方で、リスクを冒す公正な対価としての金利については「もし、世の中の人たちがみんな一〇パーセントを請求していても、教会関係の施設なら、もっと厳格に法を守り、おそれつつ四、あるいは五パーセントをとるようにすべきである」と、教会についてさえ受けとることを容認している記述も出てきます。キリスト教社会でウスラとよばれ、禁じられていた貸付に対する対価は、16世紀ごろを境にリスク・プレミアムという考え方を梃《てこ》として正当化され、「損害賠償」つまり、貸手が損害を蒙った場合に認められる補償金の意味として使われてきたinterestが金利を意味する言葉として使われるようになっていきます。

ここでは、ユダヤ教社会・キリスト教社会の金利否定に触れましたが、西欧の金利否定の考え方は、必ずしもこれらの宗教だけに由来するわけではありません。たとえば、紀元前4世紀の古代ギリシアのポリス（都市国家）のひとつであるアテネに生まれたアリストテレスは金利を否定したことで知られています。

2 高金利だが借金帳消しに寛容な古代・中世の日本社会

日本では、金利はどうなっていたのでしょうか。

正倉院に、奈良時代後半の天平勝宝《てんぴょうしょうほう》・天平宝字《ほうじ》年間（749〜765）の借銭関係文書9通と宝亀《ほうき》年間（770〜781）の借金の申込書約100通が残っています。

これらの文書は写経所という役所の写経生たちのものです。彼らは、下級官吏として粗末な家に住み粗食で命をつなぐ貧しい暮らしをしていました。

†日本の「消費者金融」は昔から超高金利だった

この人たちの借金（月借銭《げっしゃくせん》）の利率は月13％または15％という高利です。残されている記録によると、宝亀年間の月借銭は給料の前借りとしての性格が強く、土地（口分田《くぶんでん》）などが質入れされることもあったほか、個人が単独で借り入れを申請する場合には保証人が置かれることも多かったとみられています。

写経生の布施《ふせ》（給与）は出来高払いで、病気などで働けなければ支払われません。さらに、奈良時代を通じて物価は上昇の一途をたどったのに、布施の支給基準額は奈良時代末になると逆に半減したとされていますから、古代の高利は、貸す側も貸し倒れが起きかねないあぶない橋を渡っていることに対するリスク・プレミアムの色合いが濃かったのでしょう。

この節の記述で拠り所にしている奈良文化財研究所の山本祥隆《よしたか》氏の論考[10]では、借金が負の連鎖に陥る危険が多分にあり、それにより平城京では貧困層が拡大再生産され、彼らがもたらす情勢不安や治安の悪化に常に悩まされていた、というのが通説的理解である、とされています。

ただし、山本氏はそのうえで、写経所の借金にはそれなりに融通が利く相互扶助的側面もあったのではないか、という推論を示し、その背景には、当時の日本社会の借金免除についての慣習があったのかもしれない、としています。たとえば、同時代の稲作のための前借金である「イネ出挙《すいこ》」の場合、借り手が死亡すれば元利とも免除されます。山本氏によれば、そうした慣習を利用して帳簿上のつじつま合わせをしたのではないか、と推測される事例もあるということです。

†徳政令の背後に当時の社会通念としての「商返」があった?

時代が下り、中世から近世になっても生活者が直面する金利はきわめて高く、しばしば過重債務が重大な社会問題になりました。

この時代についてすぐ思い浮かぶのは、しばしば徳政令が出されたことです。徳政令は、為政者が債権者に対して債権放棄を命じる法令で、鎌倉時代には御家人救済のために永仁《えいにん》の徳政令（1297年）が出されています。また、室町時代には徳政令を求める一揆《いっき》がしばしば起き、これをきっかけに幕府から正式の徳政令が発布された事例もあります。

今日的にみると、徳政令は、金融取引を破壊する暴挙であり、経済に疎《うと》い幕府の暴走にみえます。しかし、徳政令についての古典的名著とされる笠松宏至《かさまつひろし》氏の著書[11]では、徳政令の背後に当時の社会通念としての「商返《あきかえし》」があった、という説が紹介されています。

笠松氏が引用している折口信夫《おりくちしのぶ》の1929年の講演によると、日本では、天皇の持つ「一年限り」の暦《こよみ》があり、これに従って、毎年、総てのものが、元に戻る、というのです。それなら借金のカタに取られた土地も元の持ち主のもとに戻っていくべきもの、ということになります。笠松氏が依拠されている折口信夫の講演の一部——徳政という不思議なことが、突然記録に現れてきたようにみえる理由についての部分——を引いておきます。

商返と言うのは、社会経済状態を整える為、或は一種の商業政策の上から、消極的な商行為であって、売買した品物を、ある期間内ならば、各元の持ち主の方へとり戻

し、又契約をとり消すことを得しめた（中略）

こうした習慣の元をなしたのは、天皇は一年限りの暦を持って居られ、一年毎に総てのものが、元に戻り、復活すると言う信仰である。（中略）地方では、売買貸借で苦しめられて、やりきれないので、十年目とか、二十年目とかに一度、と言う風に、近年までやっていた。（中略）江戸時代の末まで行われていたが、明治になって、絶えて了うた。万葉時代に、事実行われていたのか、それとも、伝説となっていたのか、不明ではあるが、商返と言えば、皆に意味が訣《わか》ったのである。

「商返」が示唆するのは、中世までの日本の心象風景の中では、徳政によって借金が棒引きになったりするのをむしろ当然とする社会規範があった可能性です。それは借主が死去することでイネ出挙を帳消しにする古代の社会規範とも親和性がありそうです。そう考えると、現代の経済学者が首をかしげる徳政令も、当時の人々にとってはそれほど異例の措置ではなかったのかもしれません。

なお、すべてをリセットする商返のような世界観は、必ずしも日本特有ではないのかもしれません。たとえば、「ヨベルの年《とし》」はかつてのイスラエル人が50年ごとに迎える自由と解放の年だった、とされています。旧約聖書の世界では、7年に一度は土地を休ませ、耕作してはならないと定められた安息年があります。これが7たび重なった翌年、雄羊の角の喇叭《ラッパ》がイスラエル全土に響き渡り、それを合図に奴隷は解放され、おのおのの故郷へ帰ってゆき、土地はもとの所有者に戻される。この慣行は、西暦70年のエルサレム陥落まで行われたとのことです。[12]

3 現在でも金利禁止のイスラム金融

ユダヤ教社会、キリスト教社会と異なり、イスラム教の社会では、今日でも金融取引における金利授受が禁止されています。

イスラム教の創始者とされるムハンマドは、商人として暮らしていた40歳のときに突然、天使ガブリエルによる啓示を受けたことをきっかけにイスラム教を創始しました。ムハンマドが神から伝えられた言葉を死後20年ほど経ってから一冊の書物としてまとめたのが、イスラム教の聖典「コーラン（クルアーン）」です。その中に、

アッラーは、商売を許し、利息を禁じておられる。（2章「雌牛」275節）

という有名な一節があり、金利は明示的に禁止されています。

†イスラム金融における金利迂回の工夫

しかし、経済活動を円滑にするためには、お金の貸し借りは必要で、金利の授受は避けられません。金利という概念を迂回して同様の取引を実現させる必要があります。その工夫は、かつてキリスト教徒も行っていたものですが、現代のイスラム金融では、そのための工夫が発展しています。[13]

それらを簡単にみておきましょう。[14]

まず、イスラム金融では、金融取引がイスラム教の経典コーランだけでなく預言者ムハンマドの言行を源泉とするイスラム法規であるシャリーアに準拠していることが大前提になります。

具体的には取引に利息（リバー）の受け払いの要素がないことに加え、取引対象がアルコール・豚肉の売買などシャリーアに反していないこと、契約内容や取引対象にガラル（知識不足や曖昧さに伴う不明確さ）の要素がないこと、などが求められます。

そのうえで、「イスラム銀行」がイスラム金融の担い手として登場します。これは、イスラム教の教義および慣行に基づいて運営される銀行です。ただし、イスラム教徒であることは、イスラム銀行やイスラム金融を利用できる必要条件ではなく、異教徒でも利用できます。

†金利を商取引のマージンに置き換えるムラーバハ取引

イスラム銀行は、いくつかの概念的工夫で金利の受け払いを回避しています。第一は、金融取引でなく、商取引の形をとる方法です。

具体例で説明しましょう。いま、ウマル氏が、アーダムさんの商会から乗用車を買うために、イスラム銀行から融資を受ける、という事例を考えます。

短期の金融手法とされるムラーバハ取引では、

・まず、売り手のアーダムさんが乗用車をイスラム銀行に売り、アーダムさんは代金をイスラム銀行から受け取る。
・イスラム銀行は、その乗用車をウマル氏に渡す。
・その後、ウマル氏は融資の返済期限にあたるタイミングで、金利に相当する一定のマージン（取引手数料）を乗用車代金に上乗せしてイスラム銀行に支払う。

この場合、「イスラム銀行は融資の対価としての金利でなく、乗用車売買の仲介手数料を得ている」、という理屈になります。

†出資者としてリスクを分かち合う形をとるムダーラバ取引

第二は、イスラム銀行があたかも事業者とリスクをシェアしている、という形態をとることです。長期の金融手法であるとされるムダーラバ取引では、イスラム銀行と事業者が損失発生のリスクをシェアする取り決めをします。

たとえば、ウマル氏が、今度はイスラム銀行から資金を借り、ドバイの不動産に投資する取引を考えます。投資が成功して利益が出た場合、ウマル氏はイスラム銀行に一定の利益を配分します。これは金利の支払いに当たります。ただし、この投資が失敗して損失が出た場合には、イスラム銀行も損失の一部を負担するように契約します。こうした契約なら、イスラム銀行は、ウマルさんの債権者ではなく共同出資者といえます。

こうした体裁を整えれば、イスラム銀行が受け取る利益はリスクを負うことによる対価（リスク・プレミアム）と位置づけることができます。イスラム金融でも、リスク・プレミアムは重要です。

こうしてみると、リスクに対する適正な対価（リスク・プレミアム）の必要性は、西欧ないしイスラム社会において金利への敵意をやわらげ、金利を正当化するのに大いに役立ってきた、といえるでしょう。

†国際金融市場とイスラム金融のつながり

なお、イスラム金融は金利を迂回していますが、国際金融市場と切り離されているわけではありません。たとえば、シャリーアに反しない債券は「スクーク」とよばれ、各国金融市場で取引されています。ただし、スクークであるためにはシャリーアに関する審査をクリアする必要があります。審査はシャリーアに関する有識者であるイスラム法学者によって構成されるシャリーア・ボードによってなされます（通常は、取引に参加する金融機関に付設されます）。シャリーアに照らして問題がなければ、その旨を記した意見書が発出され、スクーク発行取引に必要な書類のひとつとなります。[15]

注

1　金利が存在する理由についてのヒックスの見解は、ヒックス、ジョン・R『経済史の理論』（新保博・渡辺文夫訳、講談社学術文庫、2016年）に拠っています。

2 筆者が金利について最初に体系的に解説した本は、翁邦雄『金利の知識』（日経文庫、初版１９８８年）でしたが、この本では金利は資源配分のシグナルとなる価格、という視点だけで書かれており、情報の非対称性などの問題にはまったく触れずに通り過ぎています。金融政策の視点から書いた本、ということもありますが、この時点では、金利の特殊性についての問題意識が十分でなかった、ということもあった、と思います。

3 １９７０年に若きアカロフが発表した論文は Akerlof, G.（1970）. "The market for lemons: quality uncertainty and the market mechanism," *Quarterly Journal of Economics*, 84（3）: pp. 488-500です。
この論文は、現在でこそ、経済学上の金字塔的な業績、と高く評価されていますが、そこに至る道のりは平坦ではありませんでした。アカロフは、１９６０年代の半ばにこの論文の初稿を書いた、とされていますが、頭の固い査読者にはその画期的な意義が理解できず、３度、いろいろな学術誌から却下され、４度目に持ち込んだ学術誌でなんとか掲載許可が下りたため、出版は１９７０年にまでずれ込みました。

4 スティグリッツの農場賃貸失敗のエピソードは、スティグリッツ、ジョゼフ・Ｅ／グリーンワルド、ブルース『新しい金融論――信用と情報の経済学』（内藤純一・家森信善訳、東京大学出版会、２００３年）第2章で紹介されています。

5 Stiglitz J. E., and A. Weiss.（1981）. "Credit Rationing in Markets with Imperfect Information," *The American Economic Review*, Vol. 71, No. 3, pp. 393-410. この論文は、金融論の世界では記念碑的論文のひとつとされています。

6 現在バイアスなど人間行動の主なバイアスについては、前掲の翁邦雄『人の心に働きかける経済政策』（岩波新書、２０２２年）で簡単に紹介しています。なお、人間の非合理的な行動のなかに予測可能な傾向がみられることを行動経済学の観点で解説している本として、アリエリー、ダン『予想どおりに不合理』（熊谷淳子訳、早川書房、2013年、文庫版）、手軽な実践的応用の手引きとして、大竹文雄『行動経済学の使い方』（岩波新書、2019年）など、行動経済学の入門書は数多く出ています。

7 ギャンブル依存症についての記述で参考にしたのは、NHK「心の健康」の解説記事です。
https://www.nhk.or.jp/kenko/atc_1572.html

8 「申命記」からの引用の出典は、日本聖書協会 新共同訳『聖書』（1987年）です。

9 ルターの金利論は、ルター、マルティン「商業と高利」（魚住昌良訳）、松田智雄編『世界の名著 第18巻 ルター』（中央公論社、1969年）に収められています。この本の冒頭に編纂者である松田智雄の解説があります。

10 正倉院文書の解説は、山本祥隆「平城京の借金事情――月借銭と出挙」（奈良文化財研究所レポジトリー）に拠っています。
https://repository.nabunken.go.jp/dspace/bitstream/11177/7941/1/BC02868815_024_027.pdf
ちなみに、この論考のなかには、写経生たちの中には懲りずに高利の借金を何度も繰り返していた人もいたことも言及されており、特に、丈部浜足という人は、宝亀3年（772）2月～同5年11月の3年足らずの間に、百文～千文の借銭を10回も申請しています。この人の申請書の中には「若し期日を過ぐれば、妻子等を質物に成して売り」と記されている、とのことです。借金を返せなければ家族を差し出す、というのは、第三章で紹介するギリシア・ローマ的な貸し倒れ対策と共通しています。

11 折口信夫による「商返」概念についての解説は、笠松宏至『徳政令――中世の法と慣習』（岩波新書、1983年、講談社学術文庫、2022年）に拠っています。なお、徳政令についてのより新しい手軽な概説書としては、早島大祐『徳政令――なぜ借金は返さなければならないのか』（講談社現代新書、2018年）などもあります。

12 「ヨベルの年」についてはブリタニカ国際大百科事典・小項目事典6「ヨベルの年」の解説に拠っています。

13 中世の教会がウスラ（徴利）を禁じた結果、中世末期になると、キリスト教徒の間では、金利は取引の表舞台から姿を消していましたが、現代のイスラム金融と同様、商品売買や贈与を装うなど建前を工夫することで「金利の授受」が迂回的に実現されていました。この本では、キリスト教社会におけるウスラ回避の工夫の歴史的展開は紹介しませんが、たとえば、上村能弘「徴利を禁ずる神の教えとファクター制度」『経済集志』第88巻第1号（2018年）、71―91頁で、いろいろな事例が紹介されています。

14 イスラム金融についての本文での記述は、北村歳治・吉田悦章『現代のイスラム金融』（日経BP社、2008年）、九門康之「イスラム金融の現状と課題」（国際通貨研究所ニュースレター、2021年5月）などを参考にしています。

15 スクークについて参考にした資料は、吉田悦章「スクーク市場の現況その機能の再評価と国際金融環境の変化」（中東協力センターニュース、2019年9月）です。

第三章

消費者金融の金利は高すぎるのか低すぎるのか

第一章で紹介した日本銀行の植田総裁の説明では、中央銀行が政策金利を変えると家計や企業はこれにすみやかに反応して支出を変化させる——金利が上がると支出を減らし、下げると増やす——ことが期待されています。しかし、日本銀行のアンケート調査をみても、金利を動かすはずの金融政策への家計の関心はきわめて希薄です。

1 消費者金融の金利

なぜなのか。消費者金融の利用者の場合には、その理由は明らかにみえます。現在のコールレートやかつての公定歩合（日本銀行から金融機関への貸出金利、1990年代半ばまでは政策金利でした。現在この名称は使われていません）、などの変更はメディアで大きく扱われますが、これらの政策金利と消費者金融からの借入金利はほぼ無関係で別世界の金利だからです。

†政策金利と消費者金融の金利はほとんど関係がない

日本銀行の政策金利は、高度成長期はもとよりオイルショック後、物価が前年比で3割近く上がった狂乱物価の時代でさえ、9%を超えることはありませんでした。そして、1

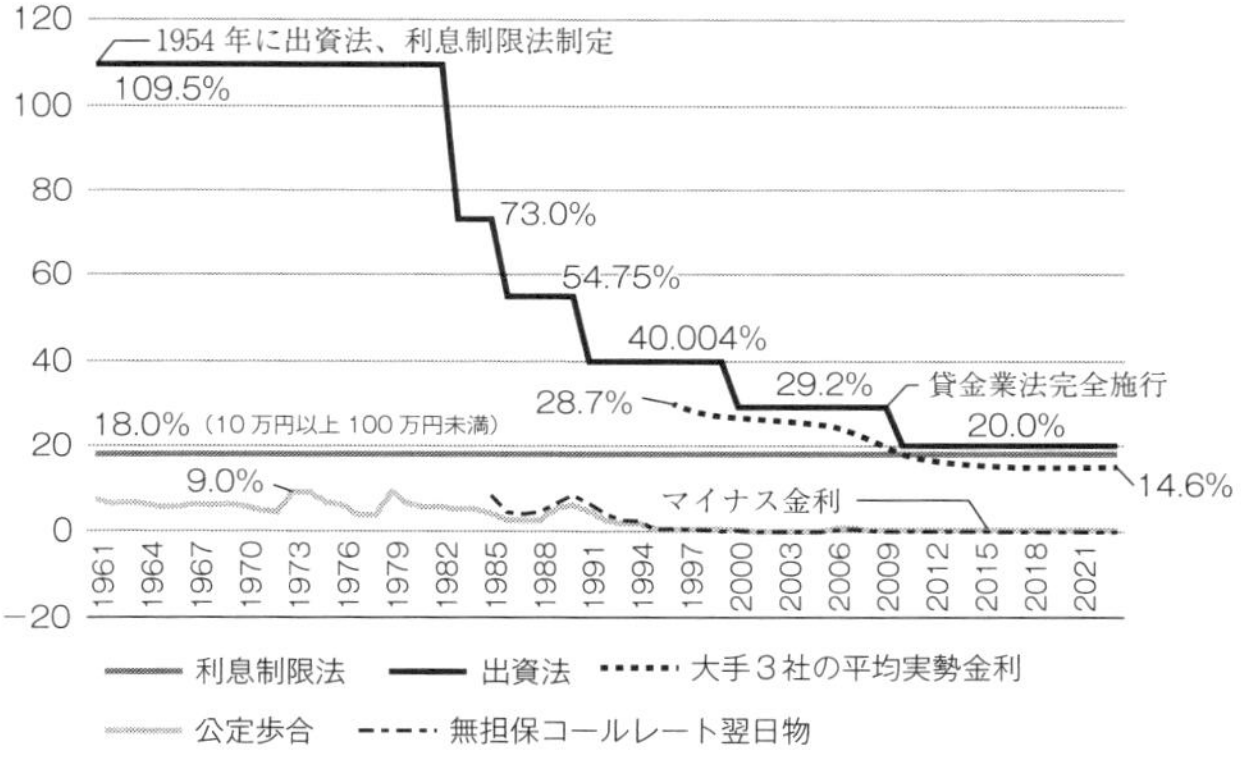

図表３-１　政策金利（公定歩合、コールレート）と消費者金融上限金利および実勢金利など

注　利息制限法では、10万円未満の金利は20.0%、100万円以上の金利は15.0%
出典　日本銀行データ検索サイトおよびアンク・パートナーズ「貸付上限金利の推移と大手消費者金融の実勢金利」より作成

995年以降はおおむねゼロ近辺に貼り付いています。これに対し、消費者金融の金利水準は、文字どおり「桁違い」に高く、政策金利との関係は無視できる程度のものにすぎません（図表3-1）。

これだけ政策金利と無関係であれば、消費者金融の借り手が金融政策に関心がないのは無理からぬところです。

なお、消費者金融の基本的な借入期間は3カ月程度と短期間なのでターム・プレミアムも大きな要素ではありません。

消費者金融会社側に信用があり資金の仕入れコストが高くなく、営業費用もそれほど高くないとすれば、消費者金融金利の構成要素の大半はヒックスが強調する貸し倒れリスク・プレミアムになりそうにみえます。

†消費者金融の金利は貸し倒れリスクと金利上限規制に左右される

ただし、貸し手である消費者金融会社と家計や零細企業などの借り手では力関係が大きく異なります。このためお互いの自由な取引に完全に任せると、本来、リスク・プレミアムとして適切である以上の高金利が借り手に押しつけられる可能性もあります。

このため、出資法および利息制限法による金利上限規制が消費者金融金利の天井を画してきました。それでも、長年にわたってしばしば世間の関心を集めてきたのは、消費者金融の高金利でした。高金利は、借り手の生活を破壊するいわゆる「多重債務問題」の元凶として指弾され続けてきたのです。

典型的な多重債務問題は、ギャンブル依存症の事例でも触れたように、消費者金融などから借金した人が借金を返せず、別の会社から借りて返済に充て、それも返せないのでさらに別の貸し手から金を借りる、というように多くの貸金業者から借りまくることで起きます。雪だるまが転がりながら大きくなるように借金が増えていけば、借り手の暮らしの経済的基盤は破綻します。

確かに、高金利は雪だるま効果を加速します。しかし、高金利は本当に消費者金融における多重債務問題発生の元凶なのでしょうか。この点は確認しておく必要があります。「むしろ、消費者金融の金利は低すぎる」という主張もあるのです。

†一昔前に比べ消費者金融は身近になった

少し話をいそぎすぎたようです。

順を追って話を進めましょう。

現在、消費者金融は身近で利用しやすい存在になっています。メディアには、消費者金融のコマーシャルが溢れています。

2021年度には、消費者金融大手「アイフル」のコマーシャルが「企業別CM好感度獲得効率トップ10」の1位を獲得しました。[1] このCMは、大地《だいち》真央《まお》さんが演じる老舗料亭の女将が、さまざまな場面で「そこに愛はあるんか」と、板前役の今野《こんの》浩喜《ひろき》さんらに説教する、という筋立てでシリーズ化され大人気になったようです。

そこには、かつて貸金の厳しい取り立てで強い社会的批判を浴びたアイフルが「消費者を愛する（あるいは消費者に愛される？）消費者金融」というあらたな企業イメージを形成し、消費者金融に対する利用者の不安（とりわけ利用経験がない新規顧客の不安）解消をめざそうとする広報戦略がみてとれます。

しかし、一昔前の「サラ金」は、利用経験のない人にはとても敷居の高い存在でした。サラ金というのは、サラリーマン金融の略称です。主に会社員を対象に融資する貸金業者ということで、こうよばれました。現在の貸金業者は消費者金融会社とよばれることがほとんどです。

サラ金から消費者金融会社へ。それは、どのような変遷をたどり、金利の設定はどのように変化してきたのでしょうか。

†「サラ金」への恐怖感が強かった時代、情報は限られていた

1980年代に日本銀行考査局（現金融機構局）のヒラ職員としてサラ金の調査を担当していた友人がいます。本人が匿名を希望しているので、第二章の補論で使った仮名と同じ「ウマル氏」としておきましょう。

考査局に配属されたウマル氏は、いくつかの担当職務のひとつとしてサラ金の調査を命ぜられました。その当時、銀行の個人向けローンは伸びていないのに、サラ金の貸金は急伸していました。ウマル氏にはサラ金急成長の理由がわからず、ひとつの仮説として、サラ金の審査方法には、銀行にはない特別のノウハウがあるのではないか、と考えはじめていました。

第一章で触れたように、銀行や信用金庫、証券会社は、日本銀行に資金決済用の当座預金口座を開設しています。日本銀行は、そうした取引先金融機関に対しては「考査」を行うことができます。

考査というのは、日本銀行が、取引先金融機関等との契約に基づき、その業務・財産の状況を把握するために行う立入調査で、その際、経営状況についてさまざまなヒアリングを行うことができます。それを担っていたのが考査局です。しかし、サラ金には日本銀行に当座預金口座を持っている企業はなく、考査の機会に情報を収集する、といったことはできませんでした（現在では、多くの消費者金融会社が銀行グループ傘下にあります。このため、銀行への考査を通じて傘下の消費者金融会社の経営実態について、より詳細な情報収集ができるようになっているはずです）。

取引先でないサラ金の審査ノウハウをどうすれば確認できるのか。

ウマル氏は、のちに大手サラ金のオーナー社長にぞっこん惚れこまれ、「年収は今の3倍払うから、ぜひわが社の総合企画部長に」と懇請されたほど、体当たりで仕事にぶつかる、昭和の時代に多くみられたタイプの有能なサラリーマンでした。そこで、とにかくサラ金から実際に金を借りてみてどのような審査をするのか精査することを決意します。

しかし、サラ金を利用した経験のないウマル氏にとってそれは不安と緊張をともなう実験でした。そこで、東京の自宅から遠く離れた大阪への出張のついでにその計画を実行することを思いつきます。

なお、当時の金融界では、お金を貸す側の人間である銀行員がサラ金に頼るのは大きな金銭上のトラブルを抱えている証拠であり、だからサラ金は銀行員には金を貸さない、という都市伝説もありました。この計画は、それを実地に検証する個人的な試みにもなりました。

†「ウマル氏」の体当たり調査

大阪に出張した際、ウマル氏は、さっそく「○○ファイナンス」の看板を掲げるサラ金の店舗に入りました。用意していた台本は「東京から出張してきたのだが、ゆうべ大阪支店の悪い同期に誘われて夜遅くまで呑んで出張旅費を使い果たしてしまった。帰りの新幹線代を貸してほしい」というもので、2万円の借り入れを申し入れてみました。

迫真の演技だったのでしょう。窓口担当の女子社員はうなずいて、以下のような手続きで「審査」を進めてくれました。

・まず名刺と免許証でウマル氏本人であることを確認
・次にちょっと隠れて健康保険証（紙）の四隅に穴が空いているかどうかをチェック（当時の大手サラ金4社は健康保険証の四隅を各社に割り当て、各社指定の場所に針で小さな穴を開けていた。この穴を見て他の会社に借り入れがあるかどうか確認できるように取り決めていたことが裏付けられた）
・さらに、ウマル氏の前で日本銀行考査局に電話し、ウマルという職員は存在しているが不在で大阪に1泊で出張していることを確認

固唾《かたず》を飲んで審査を見守っていたウマル氏は、嘘の理由を見破られることなく審査をパスし、約20分後にあっけなく2万円借りることができました。これにより、「銀行員はサラ金から金を借りることができない」という伝説は否定されました。貸し手であるサラ金の担当者は借り手であるウマル氏の嘘を見抜くことはできないまま、銀行員だが善良な借り手であろう、と判断して（ウマル氏はアラブ系の美男子ではありませんが、一見きわめて善良にみえます）貸してくれました。少なくともこのサラ金には銀行を凌ぐ卓越した審査マニュアルがあるようにはみえませんでした。もっとも、その際にウマル氏が負担した金利は年率40％という2024年現在では法的に許容されない高金利でした。

ウマル氏にとって次の検証課題は、返済を遅延させたとき、サラ金が一体どのような手段で取り立てようとするのか、ということでした。しかし、体当たりで仕事にぶつかるウマル氏も、家族のことを考えてさすがにその検証は思いとどまり、40％の高利を払って借金を返済し取引から撤退した、とのことです。

†スマホやパソコンを使った21世紀の消費者金融契約手続きは簡単

ウマル氏の回顧談からは、消費者金融利用のノウハウが一般化されていない時代に、サラ金の窓口を初めて訪れた借り手の緊張感がひしひしと伝わってきます。

それでは、現在の消費者金融はどうなっているでしょうか。

インターネットをちょっと検索すれば、現在では消費者金融による借り入れの「敷居」が、当時にくらべはるかに低くなっていることがわかります。消費者金融会社を利用したお金の借り方について、解説記事や宣伝記事が溢れており、ネット申し込みにより短時間でお金を借りられること、ネット以外にも、店頭申し込み、自動契約機申し込み、郵送申し込み、電話申し込みなど多様なオプションがあることなどが、懇切に説明されているからです。

それらの説明に沿ってスマホやパソコンから消費者金融会社への申し込みの標準的手順

を整理すると以下のようになります。

①公式サイトで「氏名、年齢、連絡先、勤務先、年収……」などを入力
②「運転免許証」など本人確認書類の画像を公式サイトの書類提出ページから送信
③消費者金融会社が個人名で勤務先に電話し、申込者が申告した勤務先の社員か確認
④在籍確認後、審査を通過すれば、自動契約機でカードの発行を受ける
⑤カードを使い無人店舗内にあるATMまたは最寄りのコンビニATMで出金

†信用判定モデルにより即時に審査され合格すればすぐ出金できる

この手続きの裏側で、多くの消費者金融会社は、提出されたデータを使って借入者の信用度を点数化して審査し、貸し出しの可否、限度額や金利を決めているはずです。

点数化に使う信用判定モデル（スコアリング・モデル）は、銀行による中小零細企業向けの貸出や信用保証協会による保証料率の決定などの際に金融界で幅広く用いられる貸し倒れリスク判定手法と発想は同じはずです。

消費者金融モデルへのインプットの例としては、本人の年齢、性別、勤務先、雇用形態、年収、在職期間、賃貸か持ち家か、居住年数、家賃、他社からの借り入れ状況、お金の用

途、などがあります。

消費者金融会社は、右記のような項目を自社のモデルにインプットすることで、借り入れを申し込んだ人の返済能力を採点し、ある程度の点数以上なら、その点数に応じて利用限度額を決めて契約し、点数が基準に届かず、返済能力が不十分と判断されれば、契約を謝絶するというシステムになっていると考えられます。

2 苛酷な取り立てがもたらした社会規範の変化

ここまでは簡単です。

しかし、消費者金融会社側からみれば、貸してしまった後、お金が返ってくる、という保証はありません。情報の非対称性の存在に照らすと、スコアリング・モデルの粗い判定力に限界があることは避けられず、一定率の貸し倒れを見越してある程度高い金利に設定し、同時に返済が遅延している人からの回収に注力するしかないでしょう。

†ギリシア・ローマ時代の有力な借金取り立て手段は債務者を奴隷として売ること

しかし、債務の取り立ては昔も今も、きわめて厄介な問題です。

借り手については、ギャンブルにハマることはあっても基本的に善良でかよわい、というのが一般的なイメージですが、それが常に正しいとはいえません。零細な貸金業者ではとても対抗できないような、したたかな借り手も昔から数多く存在していたようです。日本についても小島庸平《ようへい》氏が紹介している大正時代の『独立自営営業開始案内』では、貸金業について、満期まで素直に払う債務者は半分にすぎない、多くは踏み倒すし、少額の金なら訴訟を起こしても費用倒れで割に合わないことを見越した借り手が裁判は金がかかるから半分に負けろ、などと言ってきたりするので、地方から出て来て貸金業を始めた者などは、たいてい失敗に終っている、と警告しています。[2] 対等な力関係なら、むしろ貸し手は借り手に太刀打ちできない、というわけです。

ヒックスは、さきに引用した『経済史の理論』の中で、債務の取り立てについて触れ、ギリシアやローマ時代の一番簡単な解決法は、借金を返せない借り手を債務の代わりに奴隷として売ることだった、として次のように説明しています。

債務者が財産を全く、あるいは十分に持っていなかったり、財産があってもそれが手の付けられないものであったとしよう。このような場合、次にきたるべき制裁はどのようなものであろうか。ギリシアやローマの時代には、そのような制裁として次のようなものがあった。すなわち、債務者を奴隷として売ることができるという制裁である。この制裁が実際上きわめて広く行なわれていたことは明らかである。(中略)この道が閉ざされてしまうと、簡単な解決法はない。債務不履行のかどで投獄することは(きわめて一般的に行なわれたものであるが)、非常にまずい解決法である。なぜなら、だれが入牢中の囚人を扶養していくのか、どうして「国家」が金を出さなければならないのか、どうして債権者が金を出さなければならないのか、という問題があるからである。(中略)法廷はこの問題に関わらない方を得策とするであろう。

たしかに、経済合理性だけで考えれば、借金を返せない人への制裁として、投獄より奴隷として売るほうがよいでしょう。このヒックスの記述を読むと、なるほど、と思うと同時に、借金を回収するために借り手を奴隷として売るというギリシア・ローマ時代のシステムは、現代では使えないな、とも感じます。

†サラ金が手っ取り早い借金回収手段として生命保険を利用した、という疑い

しかし、ギリシア・ローマ時代と類似した借金回収法は、現代の日本でも大規模に使われていたかもしれません。

この点について社会問題化したのは、2006年頃から大手のサラ金が借り手に十分告知しないまま消費者団体信用生命保険をかけていたことから派生した問題です。

団体信用生命保険（ふつう「団信《だんしん》」と略称されるので、以下では団信と書きます）は、借り手に病気や事故など、万が一のことがあり、借金が返済できなくなった場合に備え、貸し手を受取人としてかける生命保険契約です。この契約は住宅ローンではほぼかならず行われます。巨額の住宅ローンを組んで新居を購入した直後に、借り手が急逝しても、住宅ローンは団信の保険で返済されます。

団信は、このような場合、貸し手だけでなく、借り手にとっても重要な役割を果たしています。借り手に万が一のことがあっても、遺族が自宅を手放し、それでも金融機関の住宅ローンが完済できていない、といった最悪の事態の防波堤になるからです。

団信をサラ金で初めて導入したのは、のちに破綻した武富士だったとされています。武富士は1977年に千代田生命と業務提携を結び、利用客が死亡または廃疾になった場合に残りの債務を生命保険でカバーする団信の提供を開始しました。

これは、本来は、貸し手・借り手双方にとって福音となりうるアイディアのはずでした。しかし、借り手に生命保険がかけられているという状況は、サラ金にとって、借金を返せない借り手については、生命保険金で手っ取り早く回収するという誘惑を強めるリスクをはらんでいました。[3]

金融庁が団信利用実態を調査した結果、サラ金への疑念は強まった

最初に話題になったのは、サラ金が借り手に無断で団信に加入しているケースがあるらしい、ということでした。サラ金側は、団信加入については契約書に記載されており、借り手に事前に周知していた、と強調しましたが、その後の調査で実際には借り手が自分に生命保険がかけられていることを知らない事例が多数起きていたことが判明しました。借り手が知らないうちに団信に加入させられ、貸し手に不当に利用されているのではないか。この指摘を受けて、金融庁は２００６年3月末時点において団信に加入している貸金業者（12団体17業者）及びその主幹事保険会社からヒアリングを行いました。

その結果、判明したのは、

・団信を取扱う貸金業者からの借り手は、そのほとんどが消費者団信の被保険者となっていた
・保険金受取件数のうち死因の添付文書がなく死因不明のものが60％以上
・死因等判明件数のうち約24％が自殺

という衝撃的な事実でした（図表3－2）。

なお、団信の保険金支払いの多くが死因不明になっているのは、保険会社と貸金業者の約款では、保険金の請求に当たり、一定額以下の支払等について、死亡診断書等、死因を記載した文書の添付が省略できる取り扱いだったことによります。

ちなみに、2005年の人口動態調査では全国の自殺による死者は3万539人、死因全体に占める自殺の比率は2・8％でした。この数字と比較すると、貸金業者と契約した団信被保険者の自殺者4900人（死因等判明件数の約24％）、死因等不明の死者が3万1494人という数字は異常な高さです。

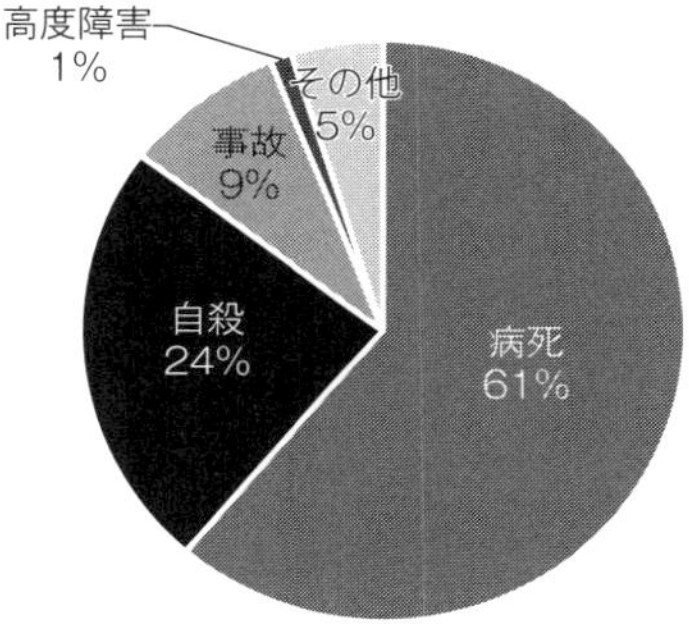

図表3－2　死因等判明件数の内訳
出典　金融庁「2006年3月期消費者信用団体生命保険実績（消費者金融17業者合計）」より作成

サラ金が借り手に対し「金を返せないなら保険金がある」、「団信を使えば借金はきれいになるんですがね」と追い込んでいる、といった事例が報道されるようになり、借り手が「奴隷として売られる」代わりに「団信で返済させられている」、という疑惑は強まる一方になりました。

†金融庁の是正指導に対してサラ金は反発し団信を解約

サラ金への批判が高まるなか、金融庁は、２００６年9月、債務者が知らないうちに被保険者になっている、比較的少額で短期の貸付債権の回収のために保険が不当に利用されている、といった指摘等がなされている、という現状認識を示しました。

そのうえで、貸金業者が債務者等に対し保険金による債務の弁済を強要又は示唆するような言動を行うことは、「威迫」に該当することを明確化するため事務ガイドラインを一部改正することや、保険会社と生命保険協会に対して厳格な改善、徹底を求めることを発表しました。

これに対し、大手サラ金は強く反発、２００６年10月に、団信をすべて解約し一切の取り扱いを止めると発表、中小のサラ金もこれに追随して団信の取り扱いを停止しました。

ちなみに、団信問題が表面化する以前から、貸金業者が債務者等に対し債務の弁済を強要又は示唆するような言動を行うことは、しばしば社会問題になってきました。１９９９年に起きた商工ローン問題はその一例です。商工ローンは、貸金業者が主に中小零細企業に対して行う融資で、返済が滞ると「腎臓売れ、目ん玉1個売れ」と返済を迫る苛酷な取り立てを行ったことが表面化し、大きな社会問題に発展しました。

こうした苛酷な取り立てを行っているサラ金が高収益を上げていることで、サラ金を社会悪と捉える風潮が強まっていきました。

†社会的批判の強まりはグレーゾーン金利是正の追い風になった

サラ金に対する批判の高まりは、金利に跳ね返りました。消費者金融の「グレーゾーン金利の解消」による高金利是正への強い追い風になったのです。

消費者金融の金利は法律によって上限が規制されている、と書きましたが、規制している法律は二つあります。一つは罰則を伴う出資法、もう一つは罰則を伴わない利息制限法です。

グレーゾーン金利とは、「罰則のある出資法の上限金利（29・2％）以下だが罰則のない利息制限法の上限金利（15～20％、貸付額により異なる）を上回る金利帯の金利」です。サラ金がこのグレーゾーンの金利帯の金利で貸し付けを行っていることは、多重債務者問題の元凶として長年にわたり問題視されていました。

被害者救済にかかわってきた弁護士たちは「全国クレジット・サラ金被害者連絡協議会」を設立し、グレーゾーン金利の廃止を訴えるとともに、収入との対比で過大な貸付ができないようにする「総量規制」の法制化を求めていました。

†グレーゾーン金利廃止を支持した世論と最高裁

　こうした運動を後押ししたのは、苛酷なサラ金の取り立てが社会問題化したことで、「サラ金の高金利やそれによる多重債務者の発生はあってはならない」、という方向に世論が大きく傾いたことです。こうした社会規範の変化は、グレーゾーン金利の解消を促す底流となり、司法、行政もグレーゾーン金利に対してレッドカードを突き付けることを選択していきます。まず、２００６年１月に最高裁判決が「グレーゾーン金利」の合法性を事実上、否定しました。

　これを追い風に、同年12月には貸金業法改正法が成立しました。同法は多重債務者が急増した主な原因は、金利や過剰な融資であるとして、グレーゾーン金利を解消することや、借入限度額を「年収の３分の１まで」とする総融資額規制などを盛り込み、２０１０年に完全に施行されました（図表3-3、3-4）。

　サラ金は、かつて利息制限法の上限金利以上の金利を支払った借り手から「過払い金」返還も求められるようになりました。

「ずっと前のご利用でも大丈夫ですよ」「記憶が曖昧でも大丈夫ですよ」「間違っていても

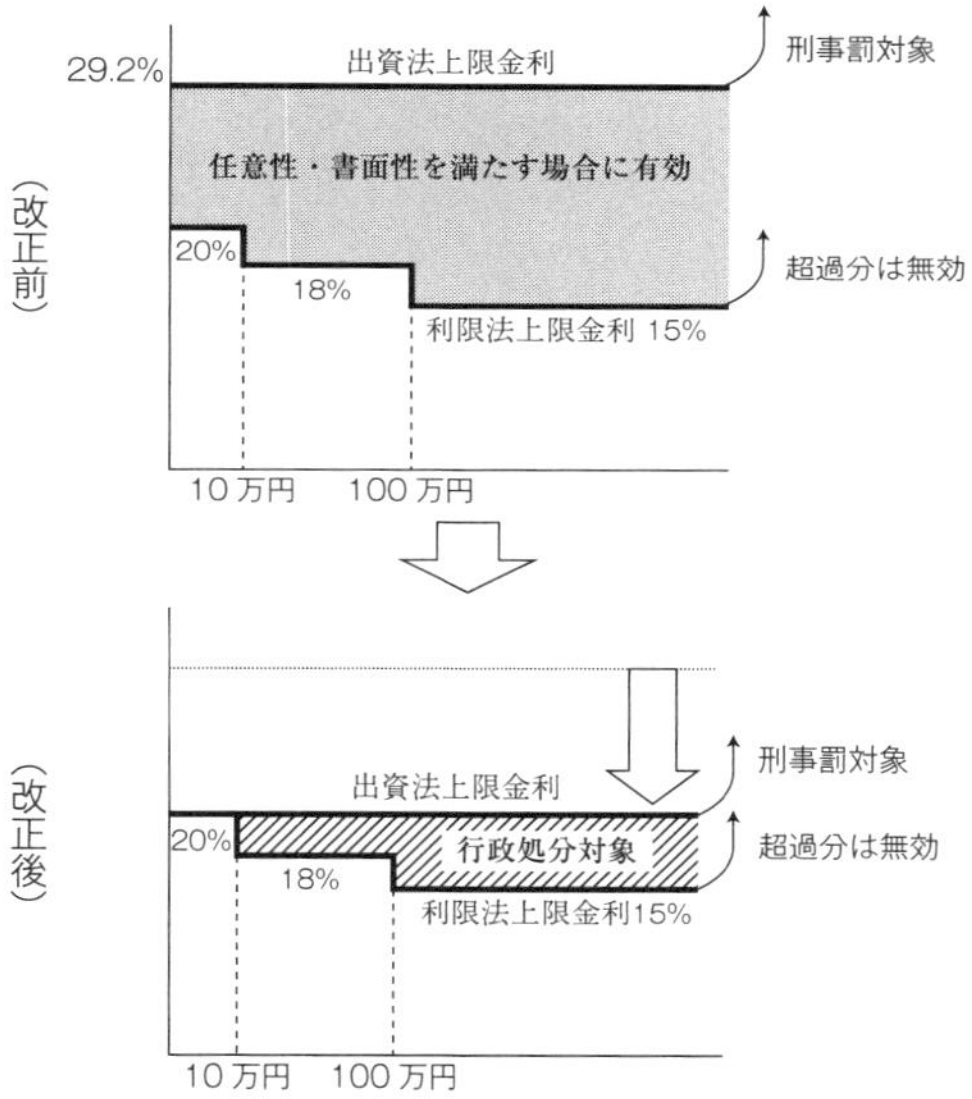

図表 3－3　グレーゾーン金利解消による金利規制への変更点
出典　金融庁「貸金業法改正の概要」から作成

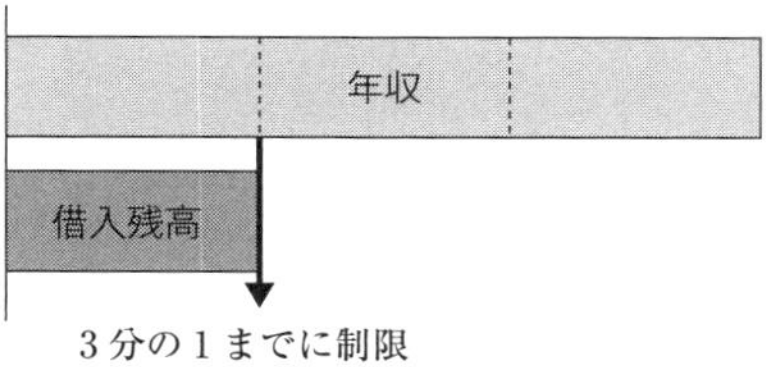

借入残高が年収の3分の1を超えているものについては新規の貸付を停止：ただし
・直ちに年収の 3 分の 1 までの返済を求めるものではない
・住宅ローンなど借入残高が年収の 3 分の 1 を超えていても借入可能な例外項目がある

図表 3－4　個人の貸金業者からの借り入れの総量を規制
出典　金融庁「貸金業法改正等の概要」から作成

かまいません。今すぐお電話を」「あなたも対象か、無料でご確認を」。……こうしたフレーズは現在でも弁護士事務所のコマーシャルとしてテレビで繰り返し放映されています。「過払い金」返還は、武富士を含む多くの大手サラ金の破綻や銀行グループ傘下入りにつながっていき、消費者金融業界の再編が進みました。

3　グレーゾーン金利解消の副作用は大きかったか？

しかし、サラ金とその高金利を社会悪とみなす方向への社会規範の変化に後押しされたグレーゾーン金利解消（高金利是正）が、サラ金利用者全体にとって有益だったのか、それとも弊害のほうが大きかったのかは、検証しておく必要がある事柄です。本来、消費者への貸出金利を規定する中心的な要素が「借り手が返済できないリスク」への対価であるはず、ということを考えると、規制上の上限金利を引き下げることによる高金利是正は、利用者の借り入れを阻害し、不利益を与えるリスクをはらんでいる可能性もあるからです。

1990年代にバブルが崩壊したあと、日本経済は長期の停滞に突入しました。非正規雇用が増えるなど多くの人の雇用状況が不安定になり、賃金も上がらず所得環境が悪化するなど消費者金融の借り手の生活状況も悪化していたはずです。そのぶん、消費者金融の利用者の貸し倒れリスクが高まっていたとしてもおかしくありません。

そうした状況で、消費者金融金利を規制で押し下げたときに、消費者金融会社が高すぎる金利から得ていた超過利益が圧縮されることですむのか、これまでの借り手のかなりの部分が消費者金融から締め出されることで強い副作用が生じるのか、は自明ではありません。

†グレーゾーン金利解消で消費者金融会社は一部の借り手を締め出す?

先に説明したように、消費者金融会社は信用判定モデルを利用するなどの手段で借り入れを申し込んできた顧客の返済能力を採点し、点数に応じて顧客に要求する金利と貸出可能な金額の二つを決めているはずです。

むろん、点数だけでは、借り手の現在バイアスやギャンブル依存症の有無などはわかりませんし、本人、家族の健康など未知の要素も多く存在します。それでも消費者金融会社は、「大数《たいすう》の法則」の力を借りつつ、借り手全体に占める貸し倒れ率が一定の水準に収まるよう金利や貸出可能額を決定しているはずです。

もし、規制金利が押し下げられる前の消費者金融の金利が、借り手の平均的な貸し倒れリスクにみあった金利だった、とすると、借り手に請求できる金利上限が押し下げられることで、点数が低い借り手への貸出額をこれまでより絞ったり、上限金利にくらべリスクが高すぎる借り手との契約は謝絶したり、といった対応で、利益を維持しようとすることが予想されます。結果として、正規の消費者金融会社の借り入れから締め出される人が増える可能性があります。

†ヤミ金を跋扈させるのではないか、との懸念

むろん、こうした締め出し効果の一部は貸金業法改正の狙いに沿っています。この法律改正は、過剰な借り入れで生活破綻を招きかねない人の借入抑制も狙いのひとつだからです。

しかし、生活のための切実な借り入れニーズを抱える個人や零細企業も多いはずです。懸念されるのは、そうした借り手が、正規の消費者金融会社の窓口から締め出されることでヤミ金融業者（ヤミ金）からの借り入れに手を染める事態です。

ヤミ金は、刑事罰が科される出資法の上限金利を超える金利で貸付を行う違法な金融業者です。返済困難に陥った多重債務者や、資金繰りが困難になった中小零細の個人事業者などの名簿を入手し、ダイレクトメールやＳＮＳで勧誘する、といった手法で借り手に接近してきます。

ヤミ金業者は違法行為という危ない橋を渡って儲けよう、と腹を括っていますから、そのぶん、要求条件はきわめて苛酷です。一般の消費者金融会社やクレジット会社では、返済はほぼ月1回ですが、ヤミ金の返済は、返済期日到来が早く（1週間や10日ごと）、また、その際の金利は非常に高く、「トゴ」（10日で5割、年利換算で1825％）とよばれる暴利を要求する業者もあります。

また、正規の消費者金融会社の取り立てについては規制が強化され、威圧的な取り立てが厳しく制限されているのに対し、そもそも違法業者であるヤミ金の取り立ては手段を選ばず苛酷で、その被害は、本人や親族、職場にまでおよび深刻な事態を招きかねません。

†むしろ上限金利引き上げや金利自由化が必要という意見

上限金利が引き下げられる以前から、ヤミ金の跋扈はしばしば社会問題となっていました。このため、貸金業法改正を巡る議論の過程では、消費者金融会社や一部の学者は、上限金利引き下げはヤミ金を増やす、と主張し、むしろ上限金利引き上げが必要と訴えてきました。

たとえば、堂下浩氏は、警察当局は闇金融の摘発に積極的だが、闇金融の摘発が進むことにより摘発されるリスクに伴うリスク・プレミアムが拡大し、闇金融市場の金利が一層跳ね上がる危険性もはらむ。だから、こうした負の連鎖を断ち切るためにも、出資法で定める上限金利は可能なかぎり高く設置されることが望まれる、と主張していました[4]。

さらに、上限金利引き上げにとどまらず、上限金利を撤廃し、消費者金融の金利を自由化すべきだ、という議論もありました。そうすれば、貸金業者は客の信用力に応じて自由に金利を設定できるようになり、信用力が低い人にも正規の貸金業者がリスクに見合った金利で貸し出せるようになるから、ヤミ金の利用者は減りヤミ金問題は解消する、という主張でした。こうした主張は金利のシグナル機能を過信しているようにも思えますが、一定の説得力があり、与党自民党議員の間でも一時支持を広げたとされています[5]。

†政府は世論を背景にグレーゾーン金利解消を決断

これに対して被害者救済団体は、ヤミ金が増えたのは、サラ金の高金利が雪だるま式に債務を膨らませ多重債務者を生み出したため、と主張し、あくまで上限金利引き下げを強く求め続けました。

先に述べたように、二つの考え方が対立するもとで、政府は、グレーゾーン金利撤廃に向けた貸金業法の改正に踏み切りました。ただし、改正貸金業法の成立と同時に多重債務者対策本部を設置して、各自治体における多重債務者への相談窓口の整備、低利のセーフティネット貸付の提供、金融経済教育の強化、ヤミ金の撲滅に向けた取り締まりの徹底などを実施しました。

†グレーゾーン金利を解消した改正貸金業法成立後、多重債務問題は緩和した

それでは、改正貸金業法成立後、現実にはどのようなことが起きたのでしょうか。

まず、多重債務者の数およびその借入額は減少し、多重債務が原因とみられる自殺や自己破産も減っています（図表3-5）。

ヤミ金事犯の検挙状況はどうでしょうか。貸金業法改正前のピークは件数で2003年の556件、被害金額では2004年の348億円でしたが、近年は件数では2017年に743件に達したあと漸減し、被害金額では、100億円をかなり下回っています。

†懸念材料は特殊詐欺・闇バイトが増えていること

ここまでをみるかぎり、出資法の上限金利引き下げによるグレーゾーン金利解消は多重債務者を減らすことに効果を上げ、懸念されたようなヤミ金被害の激増はもたらしていません。やはり、消費者金融の金利は高すぎたようにみえます。

しかし、懸念材料がまったくないわけではありません。それは、近年、闇バイトなどの

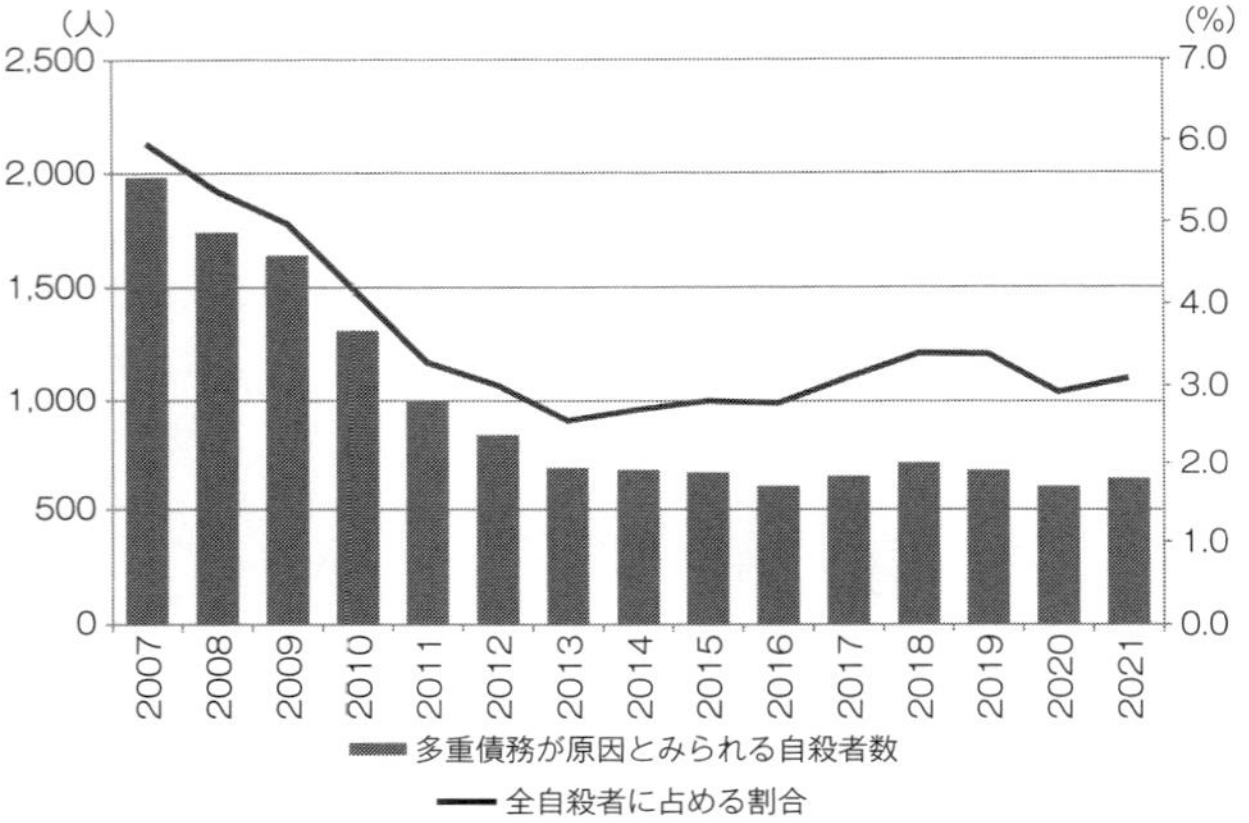

図表3－5　多重債務が原因とみられる自殺者数
出典　金融庁·消費者庁·厚生労働省·法務省「多重債務者対策をめぐる現状及び施策の動向」2022年6月7日

特殊詐欺が増えていることです（図表3-6）。

闇バイトとグレーゾーン金利撤廃や総量規制はどう関係し得るのでしょうか。ノンフィクションライターの窪田順生《まさき》氏は、政府がグレーゾーン金利撤廃や総量規制に踏み込んだ当時、同氏が取材していた違法ビジネス関係者やヤミ金業者が、「ビジネスチャンス」だと口をそろえていた、と回顧しています。

あるヤミ金業者は「これからの日本は強盗とか流行しますよ。私はやらせないけれど、やばい連中は金さえ回収できればいいんだから何でもやらせますよ。多重債務者の連中は、どこも金を貸してもらえないんだから、逆らえないでしょ」

と予言していたというのです。[6]

闇バイトの跋扈をふまえると、消費者金融の金利を低位安定させる場合、同時に低利のセーフティネット貸付の提供や金融経済教育の強化が必要で、どうやら、この点では、まだまだ取り組むべき課題があるようです。借り手としてのリスクが高く・金融から取り残されがちな経済弱者救済のためのセーフティネットをいっそう充実させていく施策の重要性は引き続き高そうです。[7]

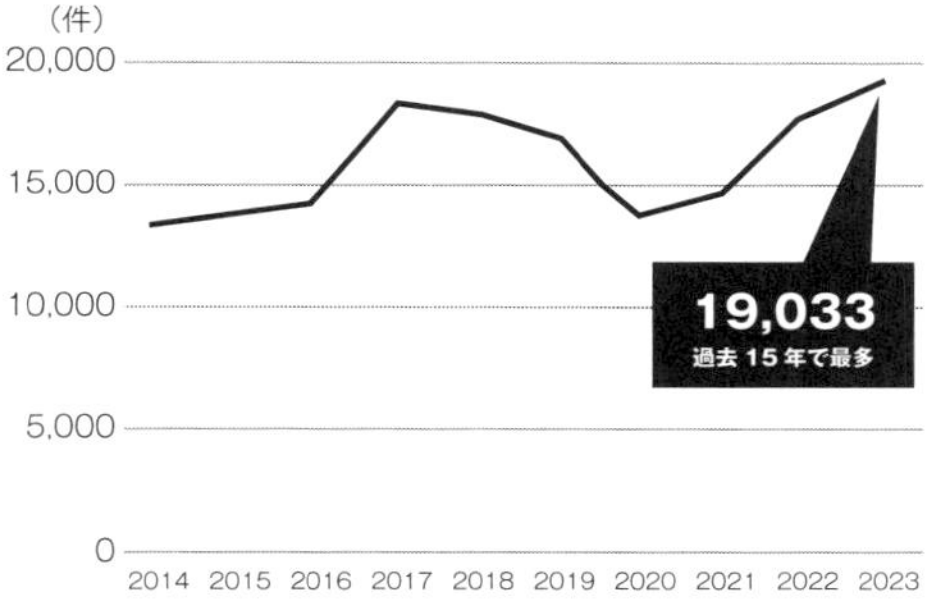

図表3－6　特殊詐欺の認知件数の推移
出典　警視庁「令和5年における特殊詐欺の認知・検挙状況等について（確定値版）」より作成
hurikomesagi_toukei2023.pdf（npa.go.jp）

補論 高利だが安全な質屋金融はなぜ衰退したのか

本文で取り上げた消費者金融の軌跡を振り返ると、二つの疑問が生じます。

①生活基盤の弱い借り手や自制心を失うリスクがある借り手にお金を貸しながら、貸し手を危険にさらさない安全な金融サービスを提供する手段は存在しないのか

②高金利の借り入れは家計の破綻と直結するのか

いずれの問いに対しても答えはノーです。高金利で、かつ貸し手も借り手も破綻させない金融として昔から質屋《しちや》が存在してきたからです。

1 質屋による金融の過去と現在

†質屋による金融の基本的な構造

質屋の金融メカニズムは、つぎのようなものです。

まず、質屋に品物（「質草」とよびます）を預け（「質入れ」とよびます）、その品物の価値の範囲内で一定期間、金を借ります。もし、約束した期限内に利息（「質料」とよびます）と元金を支払えば、預けた品物を取り戻すことができます。

期限までに金を返せない場合には、質入れした品物は質屋のものになります（「質流れ」とよびます）。この場合、質屋は質流れになった質草を販売して貸し金を回収します。

質屋による金融では、借り手は、借金を返して質草を取り戻すのが基本ですが、金策のアテが外れて借金が返せない場合には質流れという安全装置のおかげで金を返済する義務から解放されます。それが質屋による金融の利点です。なお、期限内には返済が間に合わないが、質入れした品物を手放したくないときには、質料だけ追加で支払えば（「利上げ」とよびます）、質入れの期間を延長することもできます。

†高金利でも借り手が破綻しないのは「質流れ」という安全装置があるから

「質屋による金融」では、貸し手は質流れで貸金を回収することが可能であるため損をせず、借り手も高利で借金を返せなくても生活が守られる、という強みがあります。それが、世界的にさまざまな形で利用されてきた理由といえるでしょう。

むろん、金利が高いこと、質流れまでの期間が短いこと、質物の評価額が低いことなど借り手にとっての難点がないわけではありません。その対処策としての公益質屋は、各国にみられ、日本でも導入されましたが、日本社会には十分に根付くことはありませんでした。[8]

†金利公認への突破口を開いた中世イタリアの質屋による金融

質屋は世界的にきわめて重要な消費者金融機関です。質屋による金融は欧州のキリスト教社会で金利を容認させるうえでも大きな役割を果たしました。

16世紀以降、ウスラが今日的な「金利」の意味に変化していくきっかけのひとつになったのは、16世紀にイタリアで設立されたモンテ・ディ・ピエタ（Monte di Pieta）とよばれる公益性の高い質屋であったとされています。[9]

この時期までにユダヤ人が金融業、とくに貧民に関係の深い消費者金融に進出していました。14世紀後半から15世紀にかけて、ユダヤ人の金貸しは「ヴェニスの商人」に登場するシャイロックのようにキリスト教社会から憎まれ、あたかも貧困の元凶であるかのような偏見の対象になっていきます。モンテ・ディ・ピエタは、「ユダヤ人高利貸から貧民を救うため」低利で貸しつけることを企図して設立された質屋でした。

　しかし、質屋がその営業コストを賄い、自立した組織として事業を継続するためには、ウスラ禁止を克服する必要があり、論争の末、1515年に最終的にモンテ・ディ・ピエタの取得する利益は公正なinterestと認定されました。

†日本における質屋金融——起源から近代まで

　日本にも古くから質屋はありました。その起源はイタリアのモンテ・ディ・ピエタよりさらに古く、中世の「土倉《どそう》」（「どくら」「つちくら」ともいう）にまでさかのぼります。

　土倉は、平安期には「土壁塗りの倉庫」を指す言葉でしたが、質屋を営む中世の金融業者が担保物件を保管するための倉庫として土倉を持ったため、金融業者を指す言葉となった、とされています。土倉は、さまざまな質草のほか不動産を担保として金を貸しました。

　土倉を営んだのは寺院の僧侶や、日吉《ひえ》社、春日《かすが》社などの神人《じにん》（神主、禰宜《ねぎ》などの神職ではなく、さまざまな雑役をこなす事務職員）などです。また酒屋、味噌屋など醸造業と兼業していたものも多いとされています。南北朝期の京都では土倉は335軒を数え、そのうち280軒が比叡山《ひえいざん》支配下のものであった、とのことです。

近世以降も質屋は庶民金融のもっとも重要な担い手であり続けました。
釜ヶ《かまが》崎《さき》（現在の「あいりん地区」）は日雇い労働者が集まる街として知られていますが、江戸時代には、食い詰めたものや無宿人《むしゅくにん》が集まっていました。この街に古くから伝わる「釜ヶ崎」という地名の由来についての有名な俗説に「釜が先」が語源、という説があります。

食い詰めたものが、朝早く所帯道具を質に入れてその日のタバコ銭などをこしらえ、夕方、仕事を終えて帰ると、その日の稼ぎで、まず釜を請け出して飯を炊く。とにかく釜が先だ、ということで、釜ヶ崎という地名が誕生した、と言うのです。落語のマクラ[11]にも使われたりしているこの俗説が、広範に流布したのは、それがいかにも実感にあっていた、ということでしょう。

明治維新後も、質屋は、銀行による金融サービスに包摂されなかった庶民ないし貧民にとってかけがえない拠り所でした。なお、質屋は、地域の名士であることが多かった、とされます。地域の名士が質屋なら、借り手の人となりや家庭状況を知っていることで、情報の非対称性の問題は大きく緩和できたのかもしれません。

コラム　南北朝時代の現金寄託

教科書にも出てくる吉田兼好の「徒然草」は、土倉が発達した南北朝時代に書かれたものですが、その中に仁和寺《にんなじ》の真乗院にいた盛親僧都《じょうしんそうづ》という「やんごとなき智者」の話が出てきます(六十段)。盛親僧都は、師匠に遺贈された金や僧坊すべてを三百貫の銭にまとめ、京都の人に預けておき、十貫ずつ取り寄せて、すべて芋頭《いもがしら》(サトイモの親芋)の代金にあてせっせと食べ続けて三百貫という大金を使い尽くした、と兼好は書いています。盛親僧都が、金をお寺に属する土倉に預けていたのか、徒然草の記述からはわかりませんが、少なくとも、徒然草が書かれた時代、盛親僧都のような階層の人には大金を手元に置かず寄託しておくことも可能だったことがわかります。

✝戦後日本における質屋金融は物不足の時代がピーク

大正、昭和期にも庶民の金融的な拠り所であった質屋の戦後最盛期は朝鮮戦争のあった昭和27、28年頃だったとされています。物不足の時代、質草が請け出されなくても、質流れ品を高く転売できる可能性が高かったからです。

しかし、状況は変化していきます。1970年代前半には、家電が重要な質草でしたが、その後、ほどなくランク外に転落します。[12]

片山隆男氏は、その背景として、新製品が続々と現れ、陳腐化が早くなったことを指摘しています。商品が製造過程にある間は、定価の30%が入質金額に相当するとしても、ラインを外れた商品は10%程度の評価しかありません。質屋が質草の保管義務を負う期間は3カ月あるので、質屋は、まず質草の商品が製造ラインに乗っているかを確認し、さらに入質後少なくとも3カ月間はラインに乗っているかどうかを判断しなければならず、家電は、質屋に敬遠される質草になった、というのです。

他方で、物不足の時代が過ぎると、家計は、しだいに、初めから質草を請け出すことを考えずに質入れするようになっていき、質屋は入質時にその処分価値を評価する必要がいっそう強まっていきます。こうしたなかで質屋は、隣接業務である古物の買取り販売への取り組みを強め、古物商と兼業する傾向が強まっていきました。

2　質屋による金融の現状

こうした歴史をふまえて、日本での質屋による金融の現状と復活の可能性をみておきたいと思います。

†警察の管轄下にある金融業者

まず、行政の対象としての質屋は、かなり特異な位置にあります。貸金業の監督官庁が金融庁であるのに対し、質屋は公安委員会（警察庁）の管轄下におかれているのです。

なぜ、質屋は警察庁の管轄下なのか。まず、質屋が併営することの多い古物商と共通の背景が考えられます。古物商が守るべき法律である古物営業法の第一条は、この法律の目的について、「盗品等の売買の防止、速やかな発見等を図るため、古物営業に係る業務について必要な規制等を行い、もつて窃盗その他の犯罪の防止を図り、及びその被害の迅速な回復に資すること」としています。質屋・古物商は盗品の換金や買取りにかかわるリスクが大きいから警察庁の管轄下、ということなのでしょう。

警察庁が公表している「古物営業・質屋営業の概況」を見ても、質屋による金融の規模や適用金利といった金融情報は見当たらず、かわりに、質屋による不正品申告件数が品目別に示されているなど関心の違いが顕著にみられます。

†質屋には現在も合法的に超高金利が認められている

質屋による金融は、金利規制上も貸金業者による消費者金融とは切り離され、例外的な扱いを受けています。

出資法では上限金利を20・0％とし、これを超える金利で契約をすると、刑事罰が科され、貸金業者には登録取消・業務停止等の制裁が科されることになります。

しかし、質屋営業法第36条は、出資法の質屋に対する規定の適用について、上限金利20％を109・5％（うるう年については年109・8％）と読み替えるよう定めています。

質屋の金利は実際にはどのくらいの高さなのか

ただし、法的に認められているからといって、質屋が上限金利を全面的に適用しているわけではありません。質屋大手でチェーン店を展開している「大黒屋」は2023年11月時点にホームページで、

100万円以上ご融資の場合・・・・・・・・・・月利1・25％
10万円以上100万円未満ご融資の場合・・・・・・・月利1・5％
10万円未満ご融資の場合・・・・・・・・・・・・・各店舗にご相談ください

と自社の金利を説明したうえで、大黒屋以外の一般的な質屋から借りた場合については

100万円以上ご融資の場合・・・・・・・・・月利4%
10万円以上100万円未満ご融資の場合・・・・・月利5%

としています。月利5%は複利計算でも年利79・6%で、必ずしも質屋営業法上の上限金利109・5%で営業しているわけではないようです。

貸し倒れリスクはないものの手間暇がかかることで高金利になる

さて、質屋による金融は「質流れ」で借金を清算することが可能です。高金利であるにもかかわらず借り手の生活が破壊されることはありません。同時に貸し手は、貸出金利に貸し倒れへのリスク・プレミアムを織り込む必要がないはずです。それなのに、なぜ出資法の上限金利をはるかに上回る高金利が必要なのでしょうか。

それは、質屋の金利には、貸し倒れの代わりに、質草を取ることに伴うさまざまなコストがかかるからだ、と推測されます。まず、質屋の場合には、消費者金融と違い品物を預かります。このため、自治体の基準（最低面積、耐火構造基準、耐衝撃構造、耐震構造、防犯対策、堅牢な扉の設置など）を満たし、かつ質草の劣化を防ぐ工夫をした保管設備（質庫）

を用意する必要があります。

また、持ち込まれる品物の値付けのための高度なノウハウをもち現在の主流の質草であるブランド物の真贋判定にも精通した鑑定士を確保する必要があります。そうした専門家には相応の報酬を支払うことも必要になるでしょう。さらに、質流れになった質草が盗品であった場合には、所有権を放棄する必要も生じ得るので、まったくリスクがないわけでもありません。零細業者による伝統的な質屋経営は消費者金融よりも高コスト体質であり貸し倒れ以外のリスクもある。それらを反映して金利が高くならざるを得ない面がある、ということなのでしょう。

†高金利は偽装質屋の激増も誘発した

質屋は急速に衰退しているようにみえます。質屋の全国事業者数は、1950年代後半には2万1000を上回っていましたが、この時期をピークに減少を続け、2016年には3000を割り、その後も漸減を続けています。

他方で、質屋に特例的に認められている高金利は「偽装質屋」の激増を招きました。

偽装質屋とは、公安委員会に質屋の登録をすることによって、年109・5%の利息を合法的に受け取ることができる質屋であることを装ったヤミ金融業者です。

偽装質屋は、高金利であるにもかかわらず「利用者にとって安全な金融」という質屋利用のメリットがありません。その手口は、

①質草として価値のほとんどない物品を質に取って金を貸し、質屋に見せかける
②そのうえで、年金等の公的給付金を事実上の担保として横取りする
③質草に価値がないので質を流すことは認めずヤミ金同様の過酷な取り立てを行う

といったものです。全国の消費生活センターに寄せられた「偽装質屋」に関する相談件数は、2009年度以降の一時期、顕著に増加しました。

3　質屋型金融再興の可能性はあるか

しかし、質草という安全弁をもった質屋による金融のメリットは捨てがたいように思えます。衰退に歯止めはかからないのでしょうか。

†「場を提供する」というメルカリの立ち位置

２０２１年12月、メルカリは、「２０２１年版 日本の家庭に眠る〝かくれ資産〟」と題する調査結果を公表しました。これによると、日本の家庭に眠る〝かくれ資産〟（１年以上利用していない不要品）は２０１８年の約37兆円から、約44兆円へ約１割以上増加しています。

また、この調査時点までの過去３年間で「メルカリ」の月間利用者数は約１４００万人から約２０００万人へと４割以上も増え、若者だけでなくシニアの利用も増えている、としています。この隠れ資産とメルカリのノウハウが結びついて質屋金融に利用される可能性はないのでしょうか。

古物売買のためにメルカリが提供しているのは、フリマ（flea market）アプリです。これはオンラインで、主に個人間による物品の売買を可能にするアプリケーションです。ちなみに、「flea」は「蚤《のみ》」で、「flea market」は「蚤の市」を意味します。「蚤の市」は、もともと、パリのモンマルトル地区北部にある中古品市場で、蚤がわくような古物を売るところからこの名があり、各国の同様のマーケットも「蚤の市」とよばれます。

メルカリ自体は、オンラインの蚤の市の市場開設者であり、そこに出店している古物商ではありません（事業者は、「メルカリ」を利用しメルカリShopsでネットショップの開業・運営が可能ですが、そこで中古品を売買する場合には、古物商許可を取得して、許認可書の画像の提出が必要になります）。

†金融への関心を強めているメルカリ

しかし、メルカリが提供しているオンライン・マーケットは、金融と紙一重の距離にあります。実際、2017年頃、メルカリに「銀行券を使ったオブジェ」が出品され話題になりました。1万円札で折った折鶴は、解けば現金として使えますので、その売買は現金貸借と同じ効果があり、メルカリは、その後、規約で現金の出品を禁止しました。

他方で、メルカリは金融には強い関心を寄せています。金融サービスは子会社のメルペイが提供していますが、スマホ決済や分割払い、少額融資、クレジットカード、など金融事業に資源を大規模に投入しはじめています。フリマ・アプリを提供するメルカリの強みは、顧客のメルカリでの取引履歴が情報の非対称性の問題を緩和し、顧客のスコアリングにきわめて有用な情報になり得ることです。メルペイの山本真人《まさと》最高経営責任者（CEO）は「既存の金融機関では与信できない利用者を取り込めている」としています。[13]

†数秒で値段を提示するAI写真査定技術を開発した大黒屋

質屋サイドでも技術革新が起きています。

質屋の高コストの重要な要素として、持ち込まれる品物の値付けのための高度なノウハウをもち、現在の主流の質草であるブランド物の真贋判定にも精通した鑑定士を確保する必要に触れました。ところが、2024年1月、大黒屋は、機械学習AI技術を基盤とし、オンライン上のやり取りで完結する真贋鑑定・査定機能をチャット上で提供する、と発表しました。蓄積してきた50万点以上の商品学習データを活用し、画像認識AIと連携することで、「チャットで写真を送るだけで、数秒で査定結果を表示することが可能となりました」としています。[14]

†質屋型金融が復活する可能性はあるか

金融に関心を寄せているメルカリですが、その隆盛の背後には数十兆円規模の隠れ資産があります。これを質草として金融に使う方法を模索することも可能なはずです。また、大黒屋の技術革新は、質屋による金融にもブランド品買取りにも使えるものです。しかし、メルカリの関心は、フリマ・アプリによる取引履歴を活用した無担保金融をめざしているようであり、大黒屋も、むしろ買取りへの利用を想定しているようにみえます。

　こうしたメルカリや大黒屋の姿勢の背後には、質入れした質草を請け出すことを面倒に感じ、むしろ買取りによる換金に傾斜している現在の家計の選好がありそうです。

「釜ヶ崎」という地名の由来についての俗説では、「釜」は一時的には質に入れるものの、その日の仕事を終えて帰ると、なにがなんでも請け出して飯を炊く生活必需品でした。それだけ質草は生活に欠かせない、できれば請け出したいものでした。ただし、請け出せなくても、生活が崩壊するということはありません。この微妙なバランスが質屋による金融の特色だったと思います。しかし、メルカリ推計の隠れ資産の主要項目は、服飾雑貨、書籍・CD・ゲーム、美容・健康（メイク・スキンケア用品、香水、ダイエット用品など）、ホビー・レジャー、家具・家電・雑貨などで生活に不可欠、という性格のものはほとんどみあたりません。

　質草という安全弁をもった質屋による金融には大きな利点があり、それが復活しうる条件のいくつかは満たされつつあります。しかし、利用者、潜在的担い手の双方とも、今のところその関心は「質屋型金融」復活の方向には必ずしも向かっていないようです。

注

1 CM総研ホームページの「【ニュースリリース】2021年度企業別CM好感度、躍進企業、獲得効率トップ10を発表」（2022年4月15日、株式会社東京企画／CM総合研究所）に拠っています。

2 戦前の零細貸金業者の苦難についての記述は、小島庸平「戦前日本の都市家計に対する小口信用資金の供給主体――1930年代の東京市を中心に」『経済学論集』第80巻、第1・2号、91―109頁、2015年7月に依拠しています。そのなかに、本論で触れた石井研堂『独立自営営業開始案内 第7編』博文館、1914年の一部が引用されています。

3 小島庸平『サラ金の歴史』（中公新書、2021年）では、団信導入後のサラ金には、顧客の自殺を大いに歓迎する雰囲気が存在していたことが指摘されています。

4 出資法で定める上限金利は可能なかぎり高く設置されることが望まれる、という主張は堂下浩「上限金利引き下げ影響に関する考察」『早稲田大学消費者金融サービス研究所 Working Paper』（IRCFS03-002、2003年）などで展開されています。

5 金利引き下げ論と金利自由化論を巡る世論や行政、政治家などの動きについては、上川龍之進「高金利引き下げ運動にみる 大企業と市民団体の影響力」『年報政治学2012-Ⅱ 現代日本の団体政治』134―155頁でくわしく解説されています。

6 グレーゾーン金利撤廃や総量規制が闇バイトの増加をもたらしうる、という窪田順生氏の指摘は「旧統一教会の解散請求秒読みで「第2の過払い金バブル」が来る！ 寄付金・献金が標的に」（ダイヤモンドオンライン、2023年9月7日）によります。

7 金融から取り残されがちな経済弱者救済のためのセーフティネットをどう充実させていくべきか、というのは非常に重要な課題ですが、たとえば、日本総合研究所『我が国におけるマイクロ・ファイナンス制度構築の可能性及び実践の在り方に関する調査・研究事業』（2013年3月）などが参考になる文献だと思います。

8　本書で割愛した日本における公益質屋導入の経緯と挫折の理由については、小島庸平「マイクロ・ファイナンス供給主体の歴史的変遷——戦間期東京の公益質屋を中心に」『社会保障研究』第5巻第2号（2020年）で検討されています。

9　モンテ・ディ・ピエタについての記述は大黒俊二「ベルナルディーノとモンテ・ディ・ピエタ設立運動——パヴィアを中心に」『イタリア学会誌』51巻（2002年）、76—98頁に拠っています。この論考は、モンテ設立に奔走した説教師、ベルナルディーノ・ダ・フェルトレーとパヴィア市を中心にモンテ設立の経過を検証したものです。なお、第二章補論で触れたように、ユダヤ人にとってキリスト教徒に対して金を貸すことは神の教えに背く行為ではありませんでした。しかし、中世のキリスト教社会では、多くの職業にユダヤ人が就くことを禁止する一方、金融業についてはあえて禁止せず、むしろユダヤ人にこの職業を押しつけて法外な金額の保護税を課していきました。こうした構図の結果としてユダヤ人に対して筋違いな憎悪が向けられていくことになっていった、と考えられ、それがモンテ・ディ・ピエタの設立につながっていきます。

10　土倉についてのここでの説明は、脇田晴子「「土倉」の意味・わかりやすい解説」『小学館　日本大百科全書（ニッポニカ）』Web版に拠っています。

11　釜ヶ崎の語源についての俗説は、たとえば、桂米朝の「貧乏花見」平成4年2月24日の大阪コスモ証券ホールでのライブ（『特選!!米朝落語全集　第三十集』所収。EMIミュージック・ジャパン、2002年）などでマクラに使われており、聴くことができます。

12　本文の記述は、片山隆男「庶民金融の変遷について」『地域と社会（大阪商業大学比較地域研究所紀要）』第8号（2005年）に拠っています。なお、同氏の「庶民金融——戦後零細質屋史覚え書き」『大阪商業大学商業史博物館紀要』第5号（2004年7月）、31—44頁では、冒頭、「昭和二〇年八月終戦となりそれ以降、零細質屋が増えた時代、私の父もそのひとりであった。

私は昭和二〇年一月生まれ、父の後ろ姿をみながら育った人間として、零細質屋の繁栄と終焉を身近に体験したことどもを書きとどめておきたい。父のそれは戦後日本の庶民金融の平均的な姿であり、地域に根付くことがすなわち庶民金融の宿命であった時代の人間の生き方でもあったからである」と記され、私的な体験をふまえて質屋の盛衰を回顧しています。

13 メルペイの山本真人最高経営責任者（ＣＥＯ）の「既存の金融機関では与信できない利用者を取り込めている」との発言は、日本経済新聞電子版２０２３年2月16日に掲載されていたものです。

14 大黒屋は、プレスリリースに合わせ、ＡＩによる鑑定技術について1分弱のイメージムービーを公開しています。
https://lp.daikokuya78.com/vision/index.html

第四章

住宅ローンの金利は上がるのか下がるのか

日頃は、金利にあまり関心がない家計も、家を買うときには、がぜん金利に関心を持つでしょう。マンション購入であれ、一戸建て住宅の購入であれ、住宅はきわめて高価な買い物です。住宅を買う場合、大半の家計は、若干の自己資金を用意したうえで住宅ローンを借り、家を購入することになります。巨額の借金だけに、その金利が生活設計に大きく影響することは間違いありません。

1 日本における住宅ローン金利の選択肢

しかし、いざ住宅ローンを借りて家を建てようとすると、その借入金利に多くの選択肢がある、ということを思い知らされます。

†日本の住宅ローン金利には基本的に三つの選択肢がある

現在、日本の家計は、基本的に以下の三つのタイプの住宅ローンの中から選ぶことになるはずです。

①変動金利型——定期的に金利が見直されるタイプ

②固定金利型——全期間金利が変わらないタイプ

③固定期間選択型——2年、3年、5年、10年など一定期間金利が固定されるタイプ

変動金利型の基準になる金利は、銀行等の住宅ローンなら「短期プライムレート」とよばれる基準貸出金利です。この金利は、日本銀行が政策的に誘導している短期金利（「無担保コール翌日物」）などを参考に、各金融機関が決めています。

固定金利型の金利の基準となる金利は基本的には長期国債の利回りです。代表的な全期間固定金利型住宅ローンである「フラット35」は、住宅金融支援機構が金融機関を通じて提供しているものですが、住宅金融支援機構は住宅ローンの資金調達のために「機構債」とよばれる債券を発行しています。その機構債の利回りは10年物国債利回りとほぼ連動しているので、長期国債の利回りが基準と考えてよいでしょう。なお、フラット35の住宅ローン金利は、機構債への利払いに「住宅金融支援機構」「金融機関」それぞれのマージンを上乗せしたものとなっています。

固定期間選択型の場合、固定期間が終了したあとは、変動になりますが、その時点で固定期間を選んで金利をふたたび固定化することもできます。基準になる金利は長期プライムレート（金融機関が優良企業向けの長期、つまり1年以上の期間の貸出に適用する最優遇金

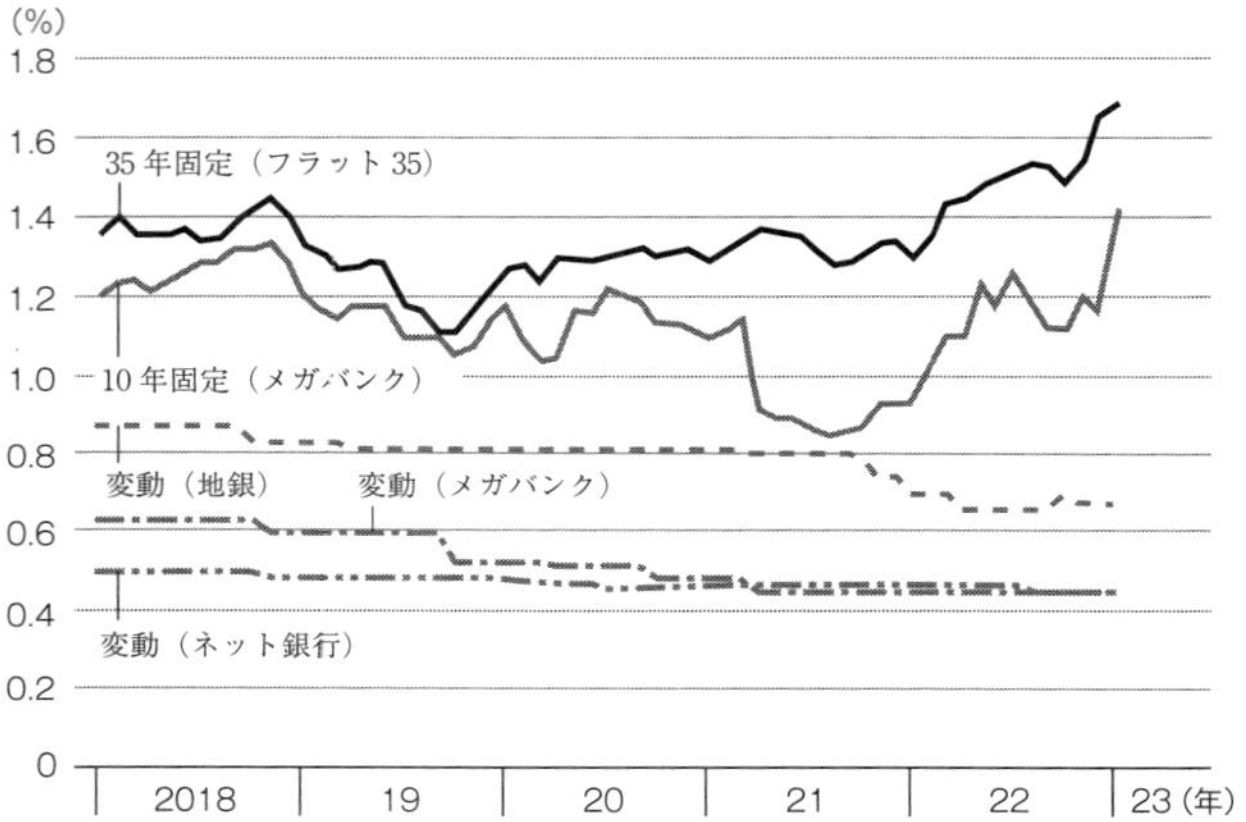

図表4−1　各種住宅ローン金利の推移

出典　東洋経済オンライン「住宅ローン金利「引き上げ」に金融機関のためらい日本銀行のサプライズ利上げの影響は限定的?」2023年2月4日
https://toyokeizai.net/articles/-/650145

利）やスワップ・レートが使われています。スワップ・レートは、「短期金利で調達した資金を長期資金に転換するマーケット」で決まる金利です。たとえば、5年の金利スワップの場合、事前に決められた固定金利を5年間受け取る一方、その時々の短期金利を支払う（ないしその逆）という契約になります。このマーケットで決まる固定金利を「スワップ・レート」といいます。

民間金融機関の住宅ローン金利は、図表4-1のように、日本銀行がイールドカーブ・コントロール（YCC）で短期金利と長期金利を同時に抑え込んでいた時期にも、けっこう異なった動きをしています。

†住宅ローンの選択基準はメリットとリスクの比較

どのタイプの住宅ローンを選ぶべきなのか。

これは、住宅購入を検討しはじめると、多くの人が悩む問題です。

悩む理由は、住宅ローンの金利の水準を中長期的に展望した場合、今後、金利が上がるのか・下がるのかによって、どのタイプの住宅ローンを借りるのが適切か、の答えがまったく変わってくるのに、正解がわからないことによります。

そもそも経済はつねにさまざまなショックにさらされています。パンデミックの発生もあれば、大規模な自然災害もあります。金利は未知のショックによって大きく変動します。したがって、中長期的に金利が上がるのか・下がるのかを正確に当てることは専門家にも絶対に不可能です。それなら、メリットとデメリットないしリスクを比較し、それぞれの家計の状況に照らして選ぶしかありません。

†メリットもリスクも大きい変動金利型

変動金利型のメリットは何といっても当面の金利負担の低さにあります。

20世紀末のバブル崩壊のあとの日本経済は、当初はその後始末に追われ、それが一段落したころには、高齢化・人口減少の向かい風と相まって、経済の潜在成長率やそれを反映した自然利子率はきわめて低い水準で推移し、物価もほとんど横ばい圏内で推移してきました。

そのことを反映して日本銀行が誘導する短期金利はゼロ近傍に貼り付く超低水準が長年、続いてきました。

このような経済状況および金融政策は変動金利型の利用を後押ししてきました。

しかし、変動金利型である以上、いったん金利が上がりはじめると返済負担が膨れ上がるリスクがあります。このため、このタイプの住宅ローン契約には、通常、「激変緩和措置」が用意されています。

具体的には、借入開始から5年間の間は、市場金利の動きに関係なく返済額が固定されるという条項（5年ルール）や、6年目以降の返済額が増えた場合にも、それ以前の返済額の125％以上にはしない、という条項です（125％ルール）。

ただし、金利が上昇しても返済額を固定する「5年ルール」や6年目以降の返済額に上限を設ける「125％ルール」は、あくまで毎月の返済額の激増を避けるための措置で、金利上昇で膨れ上がった総返済額が減るわけではなく、返済を先延ばしするだけです。

つまり、毎月固定されている返済額の内訳に占める利払いの割合が高くなり、そのぶん、元本の返済は後回しになって返済期間が長引き、完済時期が当初の予定から後ずれしていくことになります。

たとえば、いま、住宅ローンを借りて自宅を取得した中年のサラリーマンが、変動金利型を選択した、とします。当初の想定では、変動金利型による低金利のメリットを満喫しつつ、定年退職前に住宅ローンを完済し、年金生活に入る予定だったとしましょう。

間違いなく家を買った当初は低金利のメリットが満喫できます。しかし、もし、ある時点から何らかの理由で金利がどんどん上がっていった場合には、定年退職後も住宅ローンの返済に追われ、老後の生活設計が狂う、といった状況も起こり得ます。

†変動金利型を選択する場合には経済的余力があることが望ましい

こうした点を考えると、変動金利型を選択し当面の低金利メリットを享受できるためには、想定外の金利上昇による利払い額増加および返済期間の長期化というリスクへの経済的耐久力が必要です。つまり、いざとなれば、高金利の負担に長期的に耐えうる家計こそが低金利のメリットを追求できる、という少し逆説的な結論になります。

逆にいえば、変動金利型を選ぶリスクが大きいのは、目一杯住宅ローンを借り、低金利が続いている現状でも生活が苦しく、利払い負担への耐久力ギリギリといったケースです。

こうした低所得者が目先の低金利型住宅ローンの利用に傾斜したことで生じた金融危機が経済の大混乱と社会不安につながったのが、あとでみる米国のサブプライム・ローン問題でした。

これに対し、全期間固定金利の住宅ローンにすれば、金利変動リスクは一切ありません。その代わりに契約時点の金利水準は変動金利型より高めです。

その差は、今後の金利変動リスクを金融機関に負ってもらうことにより生じます。変動金利型では住宅ローンを借りた人が金利変動のリスクを負うので、定年退職後も利払いに追われる事態も起き得ますが、固定金利型では住宅ローンの借り手の金利は固定されているので、そのリスクから解放されます。その裏側で、金利変動に伴うリスクは貸し手の金融機関が背負いこんでいます。借り手はリスクを背負ってもらう対価（金利変動リスク・プレミアム）を金融機関に支払う必要があるので、契約時点では変動金利型より高い金利を払うことになります。

†住宅ローンの選択状況は変動金利型に傾斜してきた

実際の住宅ローン利用者はどのような選択をしてきたのでしょうか。

2013年4月に日本銀行が異次元緩和とよばれる超金融緩和路線に踏み込んだ半年後

に住宅支援機構が行った「2013年10月〜2014年2月の住宅ローン利用者の実態調査」によると、利用者の選択した住宅ローンは次のように三つのタイプがほぼ拮抗した結果になっていました。

変動金利型――37・1%
固定期間選択型――31・2%
固定金利型――31・7%

これに対し、異次元緩和が10年続いた後の2023年4月〜23年10月の調査では以下のように変化し、変動金利型が圧倒的に多くなっています。

変動金利型――74・5%
固定期間選択型――18・3%
固定金利型――7・2%

つまり、超低金利が続くことを見越し、目先の金利負担の節約を選択する人が増えつづけ、結果として金利リスクに弱い変動金利型を選択する家計が圧倒的な多数派になった、ということになります。

†国際的にみると日本の家計は変動金利型に大きく偏っている

2020年代に入り、新型コロナの発生によるパンデミックで、世界中で大規模な財政支出が行われ、さらにロシアのウクライナ侵攻が起きました。食料や天然ガスなどの供給が不安定化したり、世界的な財・サービスの供給体制が寸断されたり、といった状況のもとで世界的にインフレ率が急上昇しました。

その波は、長年、ゼロに近いインフレ率が続いてきた日本にも押し寄せ、消費者物価上昇率が日本銀行の目標である2%を大幅に超え続けました。その状況のもとで、2023年4月、日本銀行総裁が黒田氏から植田氏に代わりました。総裁が交代したことで、メディアにおける金融政策のキーワードは異次元緩和から金融正常化に代わりました。

そうしたなか、同年9月、日経電子版に「変動ローン、住宅熱の盲点「7割選択」日本に北欧の警鐘」という記事が掲載されました。

記事では、2019年、スウェーデンの中央銀行であるリクスバンクがマイナス金利政策の解除を決め、それ以降、利上げを続け、2023年9月には政策金利は4%に達した

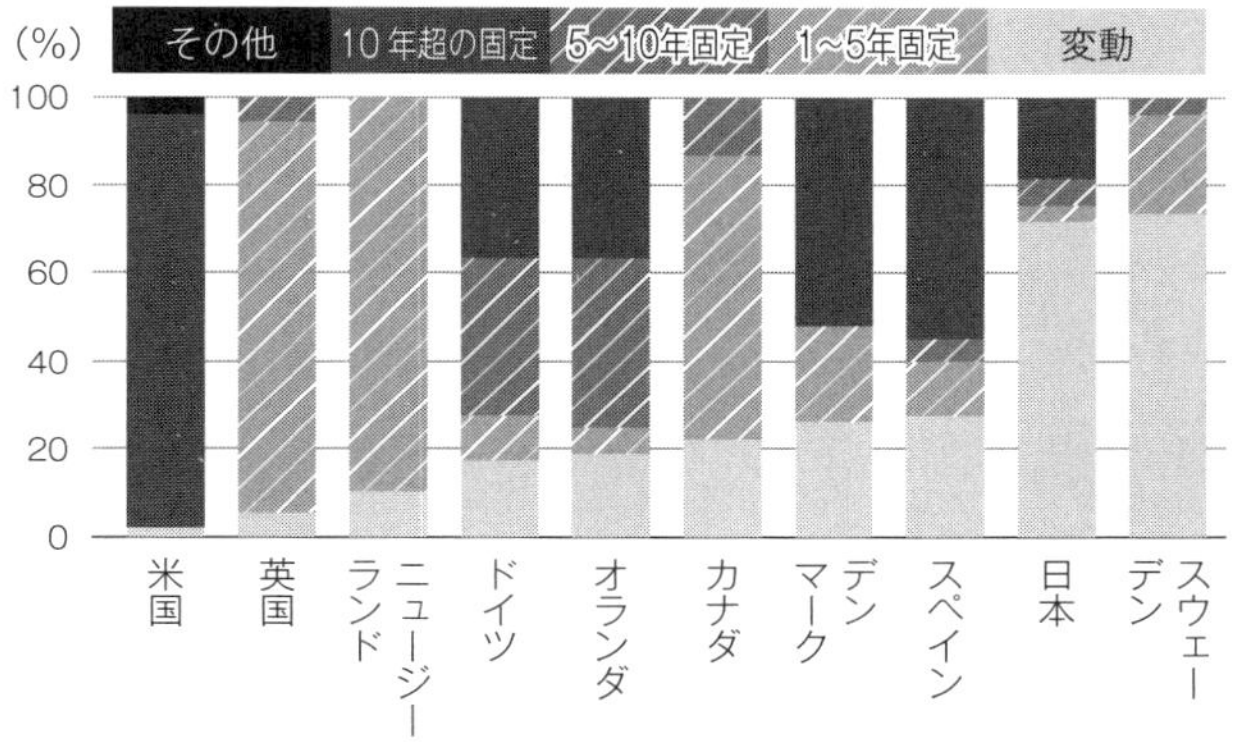

図表4－2　主要国の住宅ローン、新規契約のタイプ別割合

注　出所はアーバン・インスティチュート、EMF、ニュージーランド中銀、カナダ住宅ローン公社、住宅金融支援機構。欧州・カナダは22年末、米国は22年4月、ニュージーランドは23年1月、日本は22年10~23年3月。一部既存含む

出典　「日本経済新聞」電子版2023年9月23日

こと、スウェーデンでは、新規住宅購入者の変動金利選択比率が欧州諸国の中で際立って高く、日本同様、7割が変動金利型ローンを選択していること、などを伝えています（図表4-2）。

リクスバンクの金利引き上げに連動して変動金利型住宅ローンの金利負担は一気に重くなり、一部の住宅保有者は負担の重さに耐えられず持ち家を手放したことや、住宅の価格が下落し、住宅市場ではさらなる価格下落を予想する声もあること、消費も抑えられ経済の下押し圧力になっていること、記事はそうしたさまざまな出来事を報じていました。

この記事は金融政策の正常化が近づくなかで、変動金利借り入れのリスクに警鐘を鳴らしていますが、こうした論調は、この記事が掲載された2023年秋時点では多くありませんでした。

この時点でどのタイプの住宅ローンを選ぶべきかをアドバイスする解説記事を検索すると、「日本銀行が金利正常化に動き出すとしても、利上げが政府の金利負担に直結し、財政を圧迫する以上、日本銀行は、欧米に比べはるかに低い金利水準を上限にするはずである」、とか「急激な利上げは避け、時間をかけて慎重に金利を引き上げるだろう」、などの推測をもとに日本における金利上昇は限定的と予測し、引き続き変動金利型の住宅ローン利用を強く推奨しているものが多くみられました。

†金利選択は自己責任、結果は借り手に跳ね返る

この予測は当たる可能性が高いかもしれません。しかし、そうした予測を信じて変動金利型ローンを選択し、もし想定外の理由で予想が大きく外れたとしても、変動金利型を推奨した論者が責任を取ってくれるわけではありません。楽観的な予想に説得力を感じたとしても、また多くの人がその予想に沿った選択をしているとしても、リスクを無視することは適切ではありません。先に触れたように、リスクを取るためには、それを受け止め

れるバッファーがあるかを確認し、リスクが顕現化した際のプランを念のために用意しておく必要があります。

住宅ローンのリスクを端的に示しているのが、米国のサブプライム・ローン問題とその後の国際金融危機です。次に、そのときのことを少しくわしくみてみましょう。

2 金利リスクが破滅的結果をもたらしたサブプライム・ローン問題[1]

†サブプライム・ローンとは

サブプライム・ローンは、米国において信用力の低い借り手に対して行う貸付を指します。この信用力の低さは必ずしも所得水準の低さだけに由来するものとはかぎりません。内閣府がこの問題のさなかの2007年にまとめた米国金融監督当局による定義は図表4-3のとおりで、日本ではおよそ金融機関の住宅ローン審査を通ることができないだろう、と思われる「返せないかもしれない借り手」ばかりです。

サブプライム・ローンは、そもそも大きな矛盾をはらんでいます。

貸し手にとっては貸し倒れリスク（信用リスク）が平均的にきわめて高いため、金利は

- 過去12か月以内に30日間の延滞が２回以上、もしくは過去24か月以内に60日間の延滞が１回以上あった者
- 過去24か月以内に強制執行、抵当物件の差押え、担保権の実行、債権の償却が行われた者
- 過去５年以内に破産した者
- 代表的なクレジット・スコアであるFICOスコアで660以下に相当し、予想デフォルト率が相対的に高い者
- 所得に占める借り入れ関連の支出比率が50%以上の者、もしくは借り入れ関連の支出を差し引いた月収で生計費を十分に賄えない者

図表４－３　アメリカ金融当局によるサブプライムの定義

注　1．FICOスコアとはFair Isaac社によって開発された、個人の信用履歴借入金残高、借入金の構成等の項目を基に、個人の債務返済力を375～900点の間で評点化したもの。
2．米国では金融機関の業態ごとに監督当局が異なる。表は、通貨監督庁、連邦準備制度、連邦預金保険公社、信用組合監督庁が公表資料で示している定義を内閣府がまとめたもの。

出典　内閣府「世界経済の潮流」2007年秋

通常の住宅ローン（プライム・ローンという）に比べて数%は高いリスク・プレミアムをとらないと採算が合わないはずです。しかし、生活の穴埋めなどのための短期・少額の借り入れならともかく、住宅ローンのような巨額かつ長期の借り入れで高金利を払い続けることは低所得層や破産経験者などサブプライム・ローンの利用層にとっては負担が重すぎます。この層の借り手を増やすには、金利はむしろ普通より低い必要があります。

†サブプライム・ローンの矛盾を先送りすることに成功した返済負担後倒し方式

そこで登場したのが、とりあえず住宅ローンが借りやすくなるように利払いを極力後ろ倒しにする工夫を凝らした住宅ローン商品です。

当初の返済額を極力抑えることで、所得の低いサブプライム・ローン対象層でも住宅ローンを借り、自宅を手に入れると同時に、当面は無理なく暮らしていくことができます。この工夫は2000年代前半、当時の超低金利局面を生かす変動金利商品に組み込まれ爆発的にヒットしました。

先ほどの各国比較表（図表4-2）にもあるように、米国では、優良な借り手向けのプライム・ローンの利用者の圧倒的多数は、返済期間を通じて金利は高いものの、最初に固定された金利水準が維持される固定金利型ローンを選びます。その後、金利が大きく下がれば、住宅ローンを繰り上げ返済して借り換える、ということも可能です。

しかし、サブプライム・ローンの借り手については固定金利型ローンの利用は2割以下で、思い切って当初の支払額を軽減した後ろ倒し返済方式の変動金利型ローンが主流になり、どれだけ当初の利払いを圧縮できるかを競うようなさまざまな住宅ローン商品が開発されました。

なお、米国の住宅ローンについては、「モーゲージ」という言葉もよく出てきます。モーゲージは購入した不動産が担保になる不動産担保ローンのことを指します。2008年の国際金融危機当時に連邦準備制度理事会（FRB）の議長だったベン・バーナンキの2010年の講演[2]でもモーゲージという言葉が使われ、いろいろな商品ごとに当初利払い額

モーゲージ商品名	当初の月間返済額（$）	固定金利モーゲージの利払いとの比較（%）
固定金利モーゲージ	1,079.19	100
変動金利モーゲージ（ARM）	903.50	83.7
I-O 型の ARM	663.00	61.4
40年アモチ ARM	799.98	74.1
ネガティブ・アモチ ARM	150.00	13.9
支払オプション ARM	<150.00	<13.9

図表 4－4　モーゲージ商品ごとの初期月間返済額

注　これらの計算に用いた金利は固定金利6.00%に対し、変動金利は4.42%と想定
　　想定金利は Freddie Mac の2003年から2006年のデータに準拠
　　計算に際して住宅価格は225,000ドル、頭金20%を用意したと想定

出典　Bernanke, 2010

を列挙した表が示されています（図表4－4）。

この表の「ARM」はローン期間中に金利を定期的に見直す変動金利型モーゲージ（Adjustable Rate Mortgage）の略称です。

表の三段目以下に並んでいるのが当時大流行した各種変動金利型住宅ローン商品です。

これを見ると、当時の低金利環境下ではシンプルな変動金利型（表のうえから二段目）を選択するだけでも固定金利型より当初の返済額が20％近く節約できたことになります。これに加え「返済後ろ倒しの工夫」がされている三段目以下では、さらに大きく当初の返済額が抑え込まれています。

表の上から三段目にあるI－O型のARMは、返済後ろ倒し型変動金利モーゲージのなかで代表的な商品のひとつです。ここで「I

－O」は、当初期間は利払いだけ（Interest Only）で元金部分の返済が必要ないことを意味します。

具体的には、30年の借入期間のうち、たとえば、最初の2年（I-O 2/28）とか、3年（I-O 3/27）とかの期間は、金利だけを払えばよく、この固定期間終了後、通常の変動金利ローンに移行し、元本も分割返済することになります。

I－O型のARMとオーソドックスな固定金利均等分割返済型のローンをもう少しくわしく比較してみましょう。条件をできるかぎりバーナンキの試算に合わせ、住宅価格は22万5０００ドル、頭金として20％にあたる4万5０００ドルを用意し住宅ローンの借入額は18万ドルになった、とします。また、バーナンキの表から逆算すると、I－O型の借入期間は30年であることがわかりますので、ここでの試算もそれに合わせます。

いま、年収4万8０００ドル（月収4０００ドル）という当時の「中流家計」が２００3年頃に18万ドルの住宅ローンを組んだケースを考えます（簡単化のために、住宅取得にかかるさまざまな経費は捨象します）。

ちなみにここでの中流家計の年収4万8０００ドルは、２００6年の米国の家計収入の中央値4万8２００ドルを念頭においています。中央値は、米国の家計の収入を「上から順に並べた真ん中」ということであり、極端な大金持ちが多い米国では、平均値よりも中央値のほうが中流の家庭の実態にはるかに近いので、ここではこの金額をモデル家計の年収と想定しています。

†固定金利・元利均等分割返済の返済額は大きい

まず、固定金利で元利均等分割返済の場合を計算しましょう。この場合、当時の米国家計の「ど真ん中」といえるモデル家計でも収入の25%以上をローン返済に充てることになり、それなりの負担感は否めません（図表4-5上）。まして、月収がこれを大幅に下回る低所得層ではきわめて厳しい生活を強いられることになります。なお、バーナンキは表の計数について、プライム・ローンの借り手向けのものであり、サブプライム・ローンの借り手は通常、より高い金利と追加料金の両方に直面するだろうという事実は考慮していない、としています。実際、低所得者にとっての金利等の負担は、厳密にはこの表の推計より大きいと考えられます。

†変動金利元本後払いローンの当初返済額はきわめて小さい

次に、I-O 3/27を取り上げます。これは、当初3年間は優遇低金利で固定、固定期間経過後は指標変動金利（LIBOR）＋α、という商品です（LIBORは2000年代に指標として

	金利	ローン返済額	月収に対する比率
固定金利	6.00%	1079ドル	27%(=1079÷4000)
I-O 3/27 当初3年間の優遇期間	4.42%	663ドル	16.5%(=663÷4000)
I-O 3/27 優遇期間経過後	10%	1609ドル	40.2%(=1609÷4000)

図表4-5　月収4000ドルの中流家計の返済負担

使われていた金利です。現在は使われていません)。具体的には、最初の3年間の優遇金利期間は4・42%、3年経過後に指標変動金利に何%か上乗せする、とします。

まず、当初3年間の低利固定金利・利払いのみ、という時期についてみてみると、この場合は中流家計の収入の16・5%にすぎません(図表4-5中)。

日本の住宅ローン関連サイトで借入額と返済額の比率についてのアドバイス記事をみると、25%以内に収めることが望ましい、とアドバイスしているものが多く、さらに、20%以内に収まれば返済は生活を圧迫せず、かなり楽になります、などとされています。日米の相違はありうるにせよ、16・5%は生活にゆとりをもたらしうる水準と考えてよいでしょう。

†元本の返済が始まる時期が来ると状況は一変する

しかし、3年後になると、きつい反動に直面します。

金利が見直され元本返済もはじまるからです。ここで住宅ローン組成のタイミングとして想定した2004年の3年後（2007年）は、連邦準備制度が金融政策の方向感をデフレ警戒からインフレ警戒に切り替えていました。このため、当時の住宅ローンの指標金利であったLIBORも、2004年1月の1％程度から2006年8月には5・5％程度にまで4・5％程度も上昇しました。

出発点の変動金利が4・42％、それが4・5％以上上がり、さらに利払いだけでなく元本の返済も加わります。低所得層には貸し倒れに対する信用リスク・プレミアム相当分がより大きく上乗せされているはずです。

こうしたリスク顕現化の数値例として「3年後の住宅ローンの金利は10％で以降元利均等払い」という前提で試算すると毎月の返済額は図表4-5の下のようになります。

この場合、月収4000ドルのモデル家計の収入があっても、住宅ローン返済に収入の4割を充てることになり、生活は非常に苦しくなります。まして、サブプライム・ローンの対象層である低所得者層にとっては、リスク・プレミアムの上乗せがなく金利条件が同じだったとしても、とても生活設計の見通しは立たないようにみえます。

ここでは、I-O型の商品例を取り上げましたが、バーナンキの表にある商品の中にはネガティブ・アモチなど、当初の利払いをさらに極端に抑え、そのぶん、あとで返済額が大きくなるタイプもあります。こうしてみるとこれらは将来返済不能になる危険がいっぱいの商品群であることがわかります。

このような点から、一定期間経過後、支払額が急増する元本後払い型変動金利住宅ローンは、格段に給与の高い転職先への近未来の移籍が確定している、など先々に確実に大幅な所得増加が見込めるという例外的な家計に向いたきわめて特殊な商品にみえます。逆に言えば、所得の急激な伸びが見込めない低所得者が背伸びして目一杯住宅ローンを借りる場合に借りるべき商品ではありません。

バーナンキは、先に引用した表を示した2010年の講演で、

これらの特異な住宅ローンは、標準的な変動金利ローンよりも、最初の月々の支払額が大幅に削減される。最初の支払いを最小限に抑えることに重点を置いている貸し手と借り手にとって、明らかに、住宅ローンの種類の選択は金利の水準よりもはるかに重要だったのだ。(中略)多くの人が認識しているように、これが住宅バブルの重要な説明要素である可能性がある。

と述べています。2000年代前半の超低金利政策を推進したバーナンキとしては、この

講演で低金利政策そのものは住宅バブルの原因ではなかった、と言いたかったのでしょう。

問題の表面化を遅らせた住宅価格バブル

しかし、元本後払い型の変動金利住宅ローンは、しばらくの間はリスクが表面化しませんでした。このため米国内では、むしろ低所得者層の自家取得を可能にする社会的に有益な商品という評価すらありました。

なぜ、リスクが表面化しなかったのか。

その最大の要因は、この間の米国住宅価格バブルにあります。

米国の住宅価格指数の推移をみると、1990年から2000年前半までは平均3％の上昇率でしたが、2000年後半～2003年後半の4年間では7％前後へ高まり、2004年後半から2005年末までさらに騰勢が加速していました（図表4-6）。

2004年に1-0 3/27の住宅ローンを組んで18万ドルを借り入れ、頭金と合わせて22万5000ドルの家を購入したとしましょう。

年率10％の住宅価格上昇が2007年まで続けば、2007年に家の価値は29・9万ドルにまで上がっています。

ということは、3年後、これから住宅ローンの支払いが急増する、という時点で家を売れば値上がり分7・4万ドル（＝29・9万ドル－22・5万ドル）の売却益を手にできます。それまでの3年分の利払い、約2・4万ドル（≒18万ドル×4・42％×3）を差し引いても、5万ドル、モデル家計の年収4・8万ドルを上回る利益があがります。

住宅ローンへの返済金額が激増する前に3年間住んだ家を売り、その代金でローンを返済し、年収を上回る濡れ手に粟の利益を得る。そして、新たな住宅ローンを組み、より大きな家に住む。

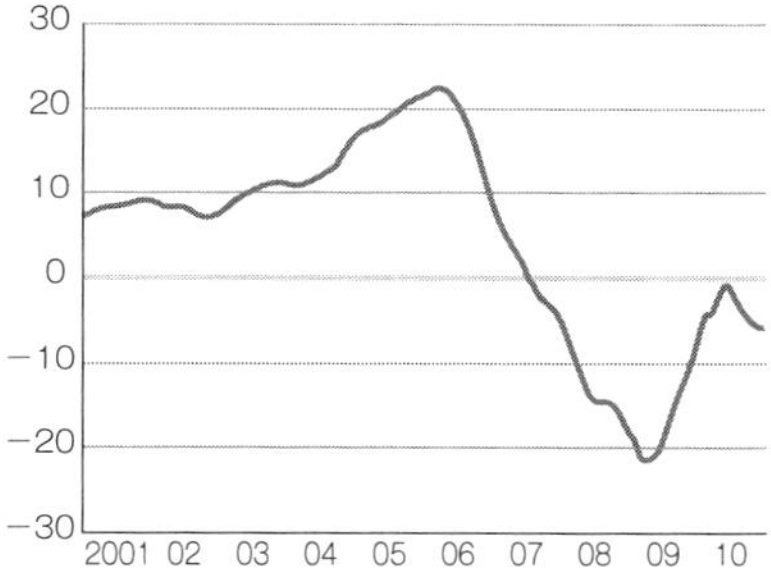

図表4－6　米国住宅価格前年比の推移
出典　S&P/ケース･シラー全米住宅価格指数前年比
セントルイス連銀データベースFREDにより作成

実際、住宅価格バブル崩壊以前のタイミングで住宅を売却した人たちは、サブプライム・ローンを組んで家を買うことで利益をあげたうえで、新たなローンを組み大きな家に住み替えることが可能だったはずです。

このような「勝ち組」の人々を目の当たりにすれば、自分たちもサブプライム・ローンを組んで家を購入しよう、という「追従への誘惑」は大きいはずです。そうした状況のもとで、元本後払い型変動金利ローンの人気は沸騰、それが住宅価格の上昇をさらに加速し、サブプライム・ローンは拡大を続けました。

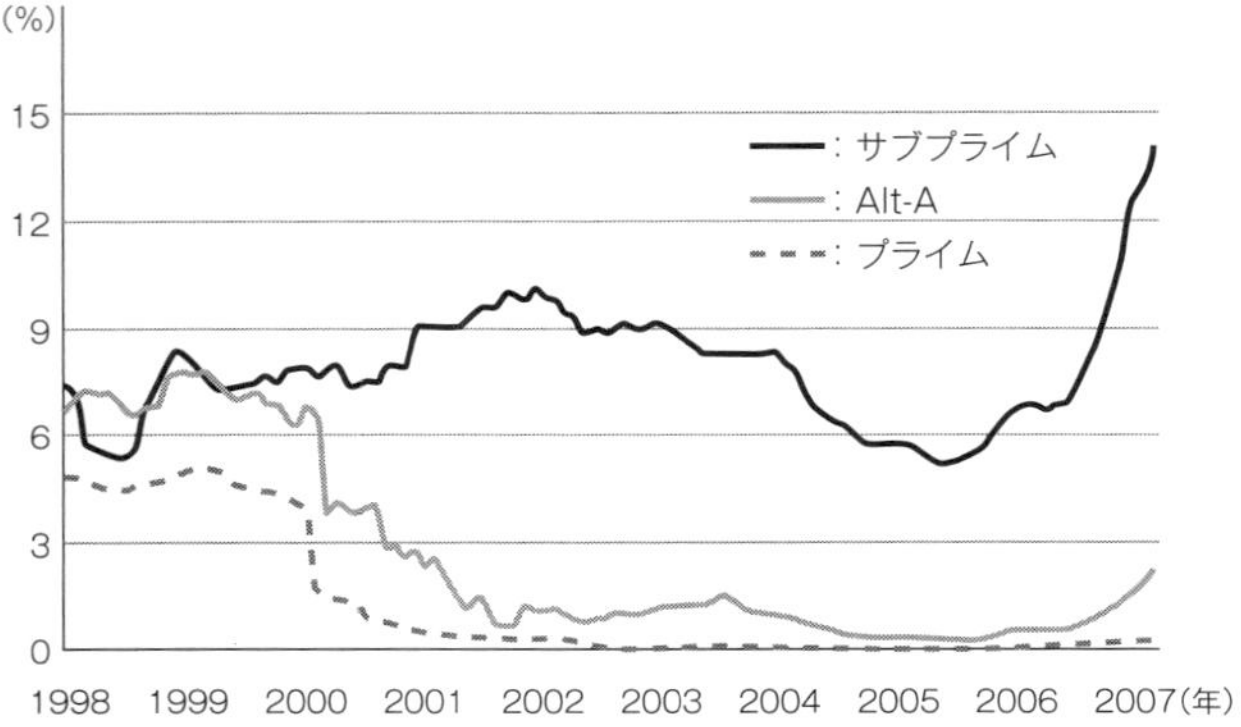

図表4－7　住宅ローン貸出に占める滞納および担保住宅喪失の比率
出典　*IMF Survey Magazine*, VOL.36, NO.12 October 2007
注　図にあるAlt-Aは、審査要件となる書類が完全に揃わない場合や、特定の融資条件が付いた住宅ローンを指し、しばしばプライムとサブプライムの中間のクラスの住宅ローンなどと説明されている。

†バブル崩壊により問題は一気に深刻化

サブプライム・ローン問題の展開はいくつかの局面からなっています。

まず、住宅の価格がかなりのテンポで上昇していた局面では、住宅を転売してローンを返済し、新たなローンに借り替えることで返済額を抑え続けることが可能でした。

この局面では、債務者は住宅価格の値上がり分を担保に新たな追加借入（ホーム・エクイティローン）を行うこともでき、これにより消費が一層拡大し、短期的には米国経済の成長を支える追い風として作用しました。

しかし、住宅価格が横ばいから低下に転じたこと、それが金利上昇期および大量に組成されていたサブプライム・ローンの元利返済開始期と重なったこと、等によりサブプライム・ローンの延滞率（返済が3カ月以上滞ってしまった契約者の比率）は急上昇し、その後もうなぎのぼりに上昇していきました。借り手は、住宅を差し押さえられ、次々に家を失っていきました（図表4-7）。

†「システミック・リスク」までもが表面化した2008年の国際金融危機

サブプライム・ローンは、低所得層の破産と持ち家の喪失という社会問題となり、また米国経済ひいては世界経済を動揺させる経済問題としても、米国政府に対応を迫るものとなってきました。

個別の企業や金融機関の支払いが滞り、決済ができなくなると、その影響は、その支払い代金を受け取る予定だった他の企業や金融機関に波及し、関連するマーケットの機能不全を引き起こす可能性があります。

金融システムは、企業や金融機関が各種の取引や資金決済を通じて相互に網の目のように結ばれているからです。そのことは、ふだんは利便性や効率性につながりますが、事故が発生すると、その影響がドミノ倒しのように一気にシステム全体に波及していく危険性もはらみます。

こうした形で、一部の借り手の破綻が他の企業・金融機関・市場、ひいては金融システム全体に波及してしまうリスクのことを「システミック・リスク」といいます。

システミック・リスクが顕在化してしまった場合には、多くの個人や企業が不安に駆られ、動きを止めることで取引は激しく収縮し、それにより経済活動に大きな悪影響が及びます。

2008年の国際金融危機はそうした事態でした。米国を震源地とする金融不安は、2008年9月のリーマン・ブラザーズ破綻を契機に劇的に悪化し、世界経済そして日本経済にもきわめて深刻な打撃を与えました。

†国際金融危機を深刻化させた疑心暗鬼

この金融危機がどのように世界的に波及していったかは、おおむね以下のように説明できます。

まず、米国では金利の上昇と住宅価格の下落のもとでサブプライム・ローンが大量に焦げ付いてきました。そのため、なんらかの形でサブプライム・ローンからの利払いを配当原資として組み込んでいた金融商品の価格が暴落しました。欧米の金融機関の一部は、これにより大きな損失を被ったはずですが、どの金融機関が・どの程度このような商品を持っているかは不透明でした。

しかし、相手が破綻しかかっている金融機関と知らずに取引を続けるのは危険です。一気に国際金融市場に不安が拡大しました。サブプライム・ローンの貸出残高自体は巨大な米国の金融システム全体からみるとたかだか数％のオーダーにすぎず、たいしたことはありません。このため、問題が表面化した当初は、サブプライム・ローン市場が崩壊しても大したことはない、という楽観的な見方もありました。

連邦準備制度の首脳も、当初、その金融システムへの悪影響は小さく、金融政策により相殺することは容易、と楽観的でした。たとえば、ミシュキン理事（当時）は、2007年1月末の講演で日本のバブル崩壊後の経験との対比にも言及し「資産価格バブルの崩壊が金融システムの不安定性をもたらすことはほとんどない。しかし、住宅価格バブルの崩壊が金融システムの不安定性をもたらすことは、もっと考えにくい。90年代に日本を含む多くの国でみられた金融システム不安は住宅価格でなく商業地価格の崩壊が不良債権問題をもたらしたことによる。多くの人は日本の経験を読み違えている。問題はバブルの崩壊ではなくその後の政策対応である」と自信にあふれた見解を述べていました。

しかし、その見方は間違いでした。

ファイナンスの専門家であるイエール大学のギャリー・ゴートンは、このときの状況について、リスクの所在（どこにサブプライム関連債権があるのか、どの企業がどれだけ持っているか）は知られていなかった。サブプライム・ローンは、挽肉に混じった大腸菌のようなもので、少量の大腸菌がどの挽肉に混入しているか政府にわからなければ、パニックが起きるだろう。大腸菌が混じっている可能性のある大量の挽肉がリコールされ、人々は挽肉を食べるのをやめる。みんながハンバーガーを食べるのを1カ月あるいは1年やめれば、マクドナルド、バーガーキング、ウェンディーズには死活問題になり、破綻に追い込まれるだろう。そうしたことが起きたのだ。

というわかりやすい比喩を使って説明しています。[3]

国際金融市場参加者が、極度に慎重に取引相手を選別しはじめ、金融市場は凍りつき、金融機関は企業や家計への融資態度も厳格化させていきました。このため、景気も悪化し、それが金融機関の資産内容をさらに悪化させ、それが貸出態度をさらに慎重化させる……という悪循環が起きました。日本のバブル崩壊後の金融危機もそうであったように、米国でも金融システムの状況について悲観論の高まりとその後退という波を繰り返しながら、金融資本市場の状況はじりじりと破局に向かって悪化していきます。

そして、2008年9月15日、全米4位の証券会社リーマン・ブラザーズが連邦破産法第11条の適用を申請し、負債総額6130億ドル（約64・5兆円）で経営破綻し、同日、メリルリンチ（全米3位）が、大手米銀バンク・オブ・アメリカによって救済合併されることになり、これが世界経済を揺るがすリーマン・ショックの幕開けになりました。

3　教訓――住宅ローンで家計の破綻を避けるために必要なこと

サブプライム・ローン問題の幕開けからリーマン・ショックとよばれる国際金融危機までの過程には、家計も金融機関も、そして米国政府など政策当局もさまざまな反省点があることは明らかです。

なにより、始発点となった初期の低金利を武器に低所得層に貸し込む「サブプライム・ローン問題」は、避けられなかったのでしょうか。

†サブプライム・ローンの借り手はリスクを認識していなかった

すでに触れたように、きわめてリスクの高い変動金利型商品であるサブプライム・ローンの利用者には低所得者が多い、という特色がありました。当初の返済額を極力抑えるサブプライム・ローンだからこそ、低所得者でも住宅ローンを借り、最初のうちはまともに暮らしていくことができるからです。

大きな問題のひとつは、借り手がその危険性に気づいていなかった点にあります。ファイナンス学界の大御所の一人であるイエール大学のロバート・シラーは、サブプライム・ローン問題のさなかの2008年に出版した著書のなかで、きわめてリスクの高いローンに手を出した低所得者は、そもそも、こうしたリスクをほとんど認識していなかったのだ、としています。[4]

その理由についてシラーは、米国の場合には、こうした低所得層の借り手に対し、リスクについての情報を提供するアドバイザーがいなかったことを指摘しています。

プライム・ローンなどの利用者は有料アドバイザーを利用することで、危険なローンには手を出さないだけの情報と助言を入手でき、未然にリスクを防げますが、低所得者はこうした情報と助言は得られないし、得ようともしなかった、というのです。

†日本の低所得家計は金利リスクを避け固定金利ローンを選ぶ割合が多いらしい

金利リスクについての日本の借り手はどう対応しているのでしょうか。

住宅支援機構の直近の調査結果をみると、やや心強い点と、やや心許ない点があります。

やや心強い点は、「全期間固定金利型」の利用者は、世帯年収400万円超～600万円以下と相対的に所得が低い家計に偏り、「変動金利型」「固定金利選択型」の利用者は、むしろ高所得層に多いことです（図表4-8）。つまり、相対的に所得が低い家計のほうが、高めの金利を甘受しても金利リスクを抑える傾向が強いようにみえます。

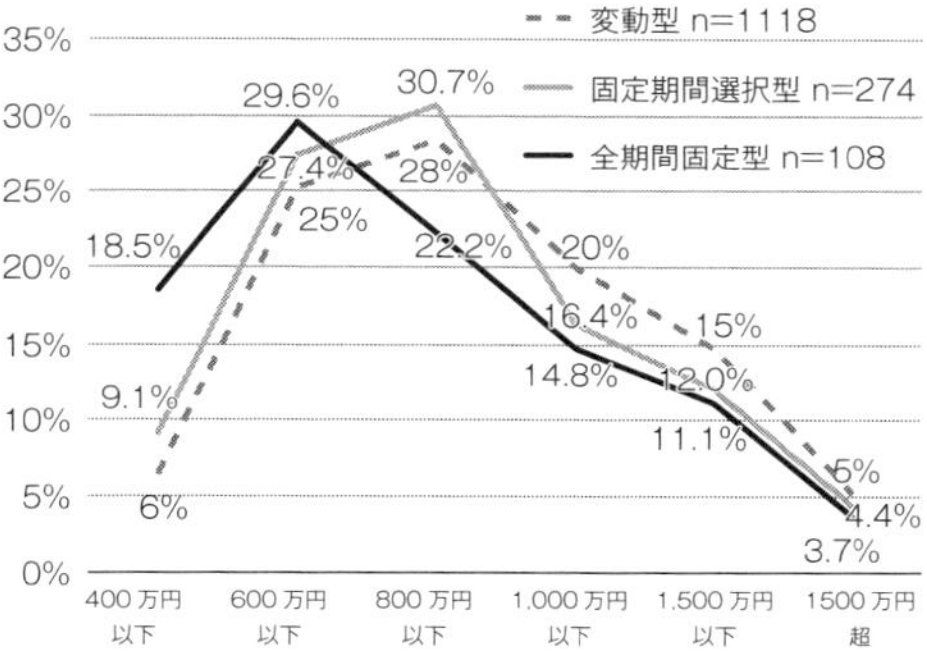

図表4－8　世帯年収別の金利タイプ別住宅ローン利用割合
出典　住宅支援機構「住宅ローン利用者の実態調査」2023年10月

日本の家計の金利リスクへの理解は不十分かもしれない

これに対し、やや心許ない点は、「変動金利型」、「固定期間選択型」住宅ローンの金利リスクに関して、「十分に理解」または「ほぼ理解」していると考えている利用者は、いずれのタイプについても約6割にとどまっている点です。残りは、理解しているか少し不安、よく理解していない、全く理解していない、などとしています（図表4-9）。

金利リスクを理解していないと考えている借り手が多いことは大きな不安材料です。住宅ローン

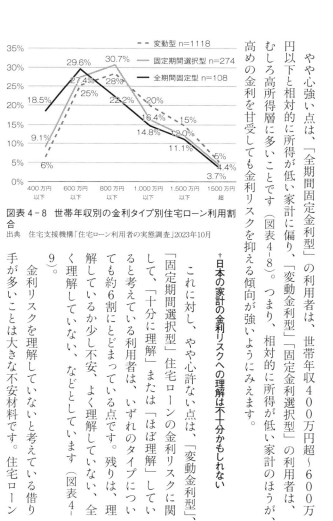

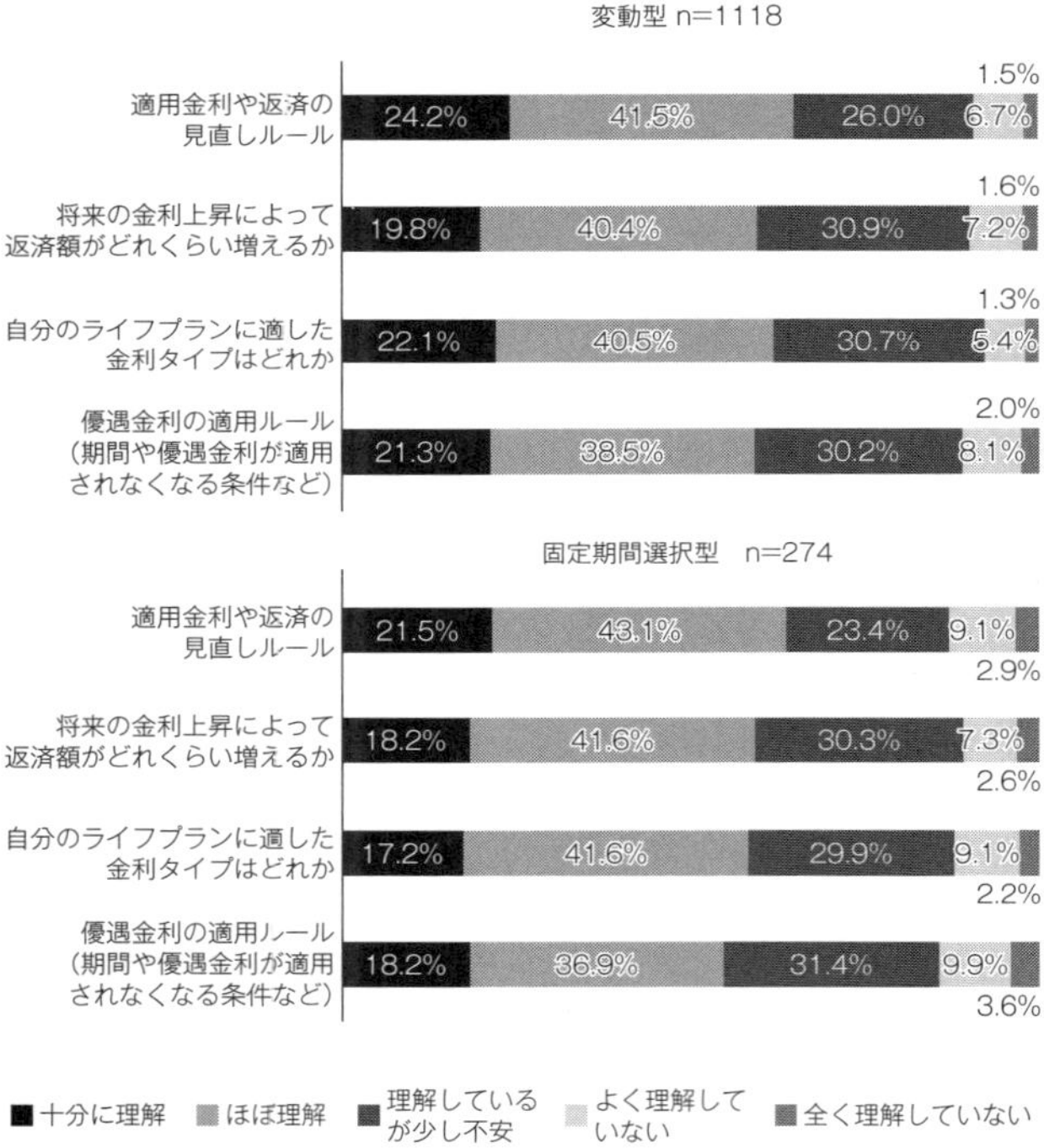

図表 4-9　住宅ローン利用者の金利リスクに関する理解度

出典　住宅支援機構「住宅ローン利用者の実態調査」2023年10月
https://www.jhf.go.jp/about/research/loan_user.html

を借りる際、借り手として金融機関の担当者との面談に臨んだ場合を考えると、長時間、注意を集中して、なかなか頭に入らない説明を聴き続けるのはしんどいですし、よくわからないまま十分確認せずに聞き流してしまうことも多いと思います。

しかし、幸い、日本では、現在、多くの金融機関・住宅金融支援機構などがホームページで住宅ローン返済シミュレーションのためのシミュレーターを無料で提供しています。それらを利用することで、さまざまなリスク・シナリオに即して返済計画の妥当性をチェックすることができます。これから住宅ローンを借りたい、と思う人には、ぜひこのシミュレーターで、いろいろな将来イベントと所得経路を想定した人生ゲームのつもりで遊んでほしい、と思います。

シミュレーターを使って、予想外の所得減や想定外の金利上昇にも耐えられるか、長期的視点から金利リスクを体感しておく。それは住宅ローンを利用しようとする家計にとってはきわめて役立つ準備作業になるはずです。

補論　ねずみ講・レッドライニング・略奪的貸出

この章の後半では、サブプライム・ローン問題について取り上げました。しかし、金利および金利リスクを軸として話を進めた結果、この問題の複雑な社会的背景の多くを捨象しています。

捨象した問題としては、住宅バブルとねずみ講に共通する問題、米国社会に影を落とす人種問題、日本の消費者金融・多重債務とも共通する略奪的貸出の問題など多岐にわたります。この補論では、それらについて、落ち穂ひろいの形で補足しておきたいと思います。

1　サブプライム・ローンとねずみ講の隆盛に共通する「追従への誘惑」

莫大な利益を生む成功者の存在が射幸心《しゃこうしん》をあおり、多くの追従者を生み、これらの人々が最終的には莫大な損失を蒙る、という事例はどの国でもしばしばみられる現象です。

†ねずみ講の仕組み

典型的なものは、「無限連鎖講《むげんれんさこう》」（ねずみ講）です。

ねずみ講は、この講に先に加入した者が、後続の加入者から金品を受け取るピラミッド形の配当組織です。基本的仕組みは、

①先に加入した者（先順位者）は2人以上の者を勧誘する
②更にこの2人以上の者が同じく2人以上ずつを勧誘して加入させていく
③順次同様の方法で加入者を拡大させる
④先に加入した先順位者は一定の時点で後の加入者から所定の金品を受け取る

というものです。

小さな「ねずみ講」は日本では、古くから存在しました。しかし、戦後の日本で「ねずみ講」が大きな注目を集めたのは、熊本市内に本拠を置く「天下一家の会・第一相互経済研究会」のねずみ講でした。この講は、「4人の子会員を勧誘すれば、2080円が102万4000円になる」が謳い文句であり、具体的には、

①最初に1080円の入会金を本部に、1000円を自分より6代前の会員に送金する
（合計2080円の出費）
②新会員はそれぞれ4人を勧誘して新たな子会員を獲得する
③6代後の会員は1024人になるから、その時点で全員から1000円ずつ、合計102万4000円が送金されて来る

という仕組みでした。

†必然的に破綻するのに追従者が続出するねずみ講

この仕組みが大きな問題を抱えていることは、ちょっと計算すればわかります。最初の会員は6代目まで会員が増えると102万4000円受け取れます。6代目の会員1024人が102万4000円受け取るのは11代目の会員がそろってからです。11代目の会員が全員受け取るには、16代目の会員がそろう必要があり……その数は10億7000万人で、日本の総人口の約9倍の会員数が必要です。結局、後の世代の会員は確実に会費を出しただけにおわるはずです。

それにもかかわらず、天下一家の会（当初は、親しき友の会）は1967年の創設から数年で、全国規模の会になり、強引な勧誘もあって会員は180万人に達し、その被害も大きいものになりました。

しかし、ピラミッドのてっぺんに近い初期会員は確かに2080円払い込むだけで102万4000円を手に入れることができます。身近な人がそれで大儲けしている姿は衝撃的で、自分もやってみよう、と思うでしょう。天下一家の会が活動を拡大していた当時、これを適切に取り締まる法律はなく、追従への誘惑が多くの市民をねずみ講に引き込んでいくなかで、警察・検察は対応に苦慮しました。その苦い経験をふまえ、ねずみ講の防止を目的として「無限連鎖講の防止に関する法律」が制定されました。

「無限連鎖講の防止に関する法律」では、無限連鎖講は、「終局的には破綻すべき性質のものであるのにもかかわらず、いたずらに関係者の射幸心をあおって、加入者の相当部分の者に経済的な損失を与える」として、その開設、運営、加入等の行為を禁止しており、開設ないし運営した人は、3年以下の懲役若しくは300万円以下の罰金に処せられます。

しかし、天下一家の会の破綻後も、ねずみ講はあとを絶たず、本書執筆中の2023年も含め、毎年のように逮捕者がでています。

コラム　天下一家の会の摘発から終焉まで

内村健一《うちむらけんいち》が第一相互経済研究所を1967年に創設し、「親しき友の会」の活動を始めた4年後の1971年6月、熊本国税局は第一相互経済研究所（天下一家の会）に対し脱税の疑いで強制調査に踏み切り、内村は1972年2月に逮捕されました。ねずみ講による被害の拡大に危機感をもった検察は内村を詐欺容疑で立件しようとしたのですが、詐欺罪や出資法違反のいずれについても構成要件が整わないと判断して、立件を断念し、内村は保釈されました。内村は1973年に「宗教法人大観宮」を設立して利益を大観宮に移し、阿蘇山のふもとには巨大なピラミッドのような建物を出現させ、派手な活動を繰り広げたことで被害は拡大し続けました。内村は、1983年に脱税で懲役3年、罰金7億円の有罪判決を受け、刑務所に収監されました。その後出所しましたが1995年、腎不全により68歳で死亡しています。しかし、天下一家の会の残党は天下一家の会の破綻後も、類似の手法で活動を続けています。

†追従者を必然的に生み出す初期の成功例

米国のサブプライム・ローン問題でも、当初は利払いが極端に小さい住宅ローンを借り、バブルの膨張過程では住宅価格の値上がりを利用して蓄財する成功者が出現しました。

こうした成功例の存在が追従者を生んだという点では、ねずみ講と同じ大衆心理構造をうかがわせます。しかも、日本でも米国でもみられたように、住宅市場のバブルは、「土地は値上がりを続ける」、という土地神話に支えられ、楽観がより定着し、長期に持続するリスクがあります。そのぶん、反動は大きくならざるを得ませんでした。

2 不公正なレッドライニングへの反省

米国ひいては世界経済を動揺させたサブプライム・ローン問題ですが、住宅ローン返済方式にみられた新機軸は社会的に有益ではないか、といった擁護論は米国社会に根強くありました。そのひとつの背景は、米国において、それまでは住宅ローンを組めなかった階層——マイノリティー、高齢者、低学歴層、移民——に幅広く浸透し、この階層の持ち家比率を高めたことによります。

†人種差別による社会的不公正の象徴だったレッドライニング

もともと、米国では、黒人の居住地域を金融機関が差別する「レッドライニング(Redlining)」が長年、深刻な社会問題となってきました。[5] 差別されてきた人々は、長年、金融機関から締め出されることで苦しんできました。

レッドライニングという言葉の起源は、1930年代のニューディール政策の一環として創設された政府の持ち家対策プログラムに由来します。このプログラムは住宅所有者に政府保証の住宅ローンを提供することにより、大恐慌後の大規模な自宅差し押さえの波を食い止めることを企図した施策でした。

しかし、このプログラムが進化するにつれて、政府は不動産や住宅所有者の適格性の要件を付け加えていきました。そして、全米200以上の都市や町の近隣地域の融資価値のランク付けを色分けで表した地図にまとめました（図表4-10）。

地図では各地域は、（A）もっとも優良なものから（D）もっとも危険なものまでランク付けされ、D地域を赤色でマークしました。この赤色はこれらの地域が住宅所有や融資プログラムに含めるに値しないことを意味しますが、そのほとんどは黒人居住地でした。

この色分け地図は内部文書であり米国政府は公表しませんでした。しかし政府保証の住宅ローンを借りられなかった黒人住宅所有者にとって、その影響は明白でした。

†レッドライニングと対照的にみえたマイノリティーへの貸し込み

レッドライニングという言葉は、公民権運動のさなかで話題になり続け、広く流布しま

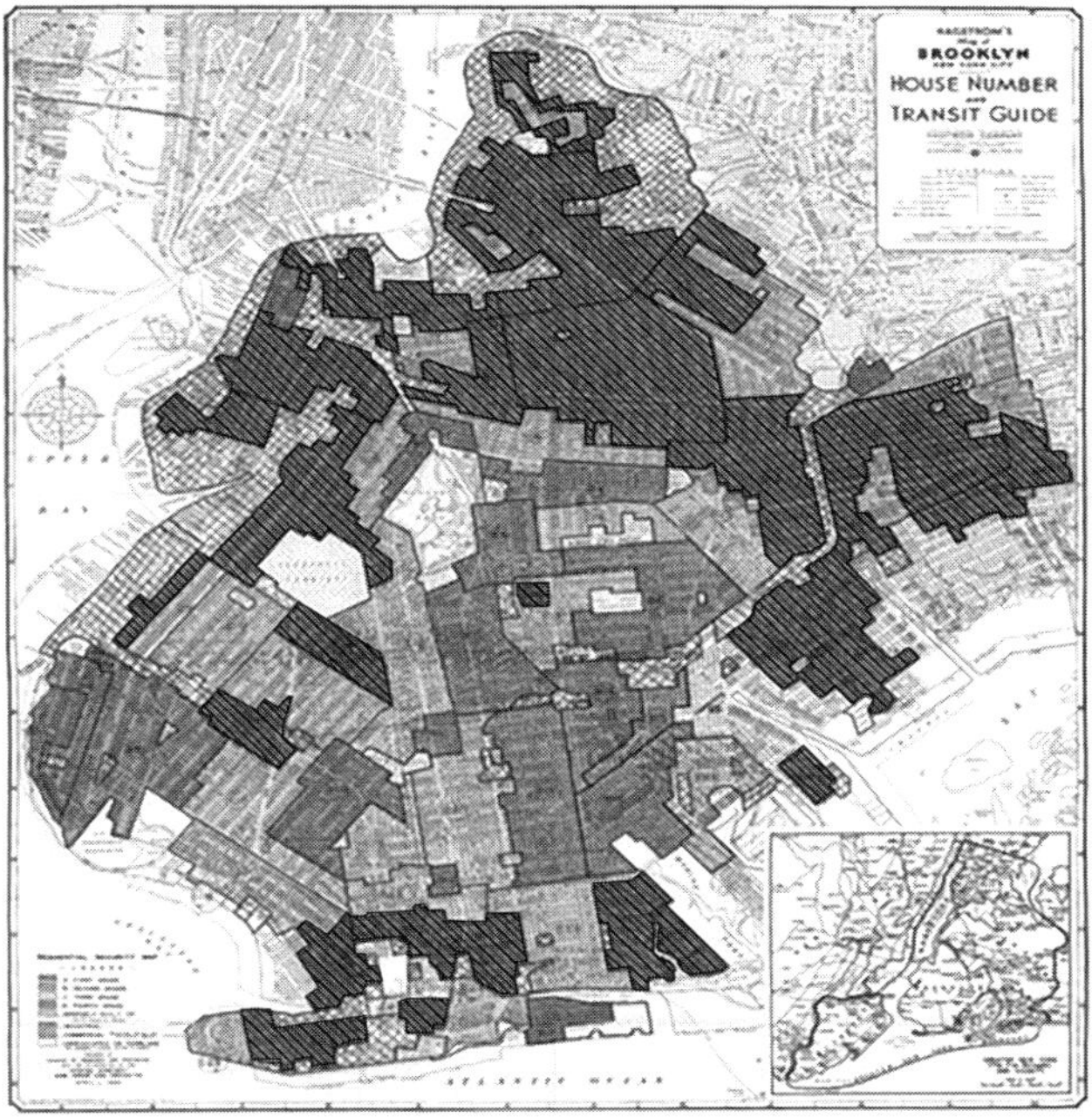

図表4-10　1938年の住宅所有者資金貸付会社のブルックリン地区の色分け地図

注　1．住宅所有者資金貸付会社（Home Owners' Loan Corporation）は、値下がりした都市不動産に対する借金を借り換えるために設立された米国政府機関

2．もとの地図で赤く塗られた箇所（D地域）を斜線で表示

出典　National Archives and Records Administration, "The 1938 Home Owners' Loan Corporation map of Brooklyn." *Mapping Inequality*

す。この間、1976年、歴史家のケネス・ジャクソンが、セントルイスのこうした政府地図の一つを偶然に発見しています。その地図で政府によって赤に塗られた区画は、住宅の築年数、住宅の平均価格、工業地帯への近さなど、あらゆる面で異なっていましたが、たった一つの共通点は「そこに黒人が住んでいる」ということでした。

黒人居住者が他の人種グループと共存する地域も、これらの地図では「D」と評価されました。黒人住民の存在は差し迫った資産価値の下落の兆候であるとみなされていたからです。そのことは、この地域の住民が住宅ローンの恩恵に浴することを困難にしていました。

サブプライム・ローンを梃にしたマイノリティーへの貸し込みは、こうした不公正な歴史的構図に負い目を感じていた人々にはそれを一変させる快挙にもみえました。そのことが住宅価格バブルでサブプライム・ローンの致命的欠陥が覆い隠されていた時期に「負担後ろ倒し返済方式の変動金利型ローン」に対する肯定論につながったと考えられます。

†住宅価格高騰下で跋扈した略奪的貸出

しかし、貸し手が低所得層への貸し込みを急増させた動機は必ずしもレッドライニングへの負い目などではありませんでした。むしろ、まったく異なる動機で黒人低所得者層や、米国へ移民したばかりで英語の契約文言が理解できていない人々に対する、強引な「押し貸し」が起きていたのです。

なぜ強引に貸し込むのでしょうか。目的は、所得に比べて過大な金利負担をもたらす住宅ローン契約を押し付け、借り手がとうてい返済できない状態に追い込むことで、担保物件である住宅を取得することにありました。

こうした貸し込みは、「略奪的貸出（predatory lending）」とよばれています。

米国の規制当局者、業界関係者、被害者の支援団体はそれぞれの問題意識に応じてさまざまな慣行や融資条件を指すために「略奪的貸出」という言葉を使っており、定義はやや曖昧ですが、サブプライム・ローンが全米を揺るがす大問題に発展する以前の1999年、ハーバード大学の若手研究者だったデボラ・ゴールドスタインが、この問題を掘り下げています。[6] 借り手を威圧して借り入れに追い込むあこぎな行為を伴う高利貸付は略奪的である、としたうえで、略奪的であるかどうかを判断する材料として次の4点を挙げています。

・貸し手が借り手候補に情報をどのような形式および状況で提供したか（ないし提供を控えたか）
・借り手が「ローンを組まない」ないし「競合商品から選択する」ことが自由にできたか

・貸し手が「弱い立場にある人々」ないし「保護されたクラスの人々」(protected class。人種、性別など共通の特性に基づいて法的に保護されている人々を指す)を標的にしたか
・精神的、身体的、または知的状態のために、貸し手の販売戦略に対して脆弱な人々に割高なローンを意図的または組織的なパターンで販売したか

なお、借り手の多くが契約に潜むリスクの性格をほとんど認識せずに借り入れを行ったとされている点では、このローンがもたらした問題には、日本における消費者金融の団信問題などと共通する側面もみてとれます。また、米国のサブプライム・ローンの場合には、住宅価格バブルが崩壊したあと、家を手放したうえでも巨額の住宅ローンの残債が返せない、という状況が生じました。この状況にも日本の多重債務者の苦境と共通する側面があります。

注

1　サブプライム・ローン問題をとりあげているこの節の記述は、翁邦雄『ポスト・マネタリズムの金融政策』(日本経済新聞出版社、2011年)の第5章3節を踏まえていますが、住宅ローン

の負担についてのシミュレーションは、試算の前提をバーナンキの講演の表の前提に合わせて再計算するなど大幅に変更し、その結果をふまえて書き直しています。

2 バーナンキが金融政策と住宅バブルの関連を論じた講演は、Bernanke, B.S.（2010）. "Monetary Policy and the Housing Bubble." at the Annual Meeting of the American Economic Association, Atlanta, Georgia, January 3, 2010 です。

3 ゴートンの比喩の出典は、Gorton, Gary "Questions and Answers about the Financial Crisis" Prepared for the U.S. Financial Crisis Inquiry Commission, February 20, 2010 です。http://online.wsj.com/public/resources/documents/crisisqa0210.pdf

4 シラーのコメントの出典は、Shiller, R（2008）. *Subprime Solution* Princeton University Press です。なお、シラーは、ファイナンスの大家でいわゆるノーベル経済学賞も受賞していますが、金融の背後にある人間の必ずしも合理的とは言えない行動にも関心を払ってきた学者であり、行動経済学的な研究も数多くあります。

5 黒人女性弁護士で巡回控訴審の判事でもあるキャンディス・ジャクソンは、２０２１年8月17日のニューヨーク・タイムズ紙への寄稿の中で、今日の米国の人種差別を形作った大きな要素として「レッドライニング」を語っています。本文の記述はそれに依拠しています。

6 略奪的貸出の定義を掘り下げたゴールドスタインの論文はGoldstein, D.（1999）. "Understanding Predatory Lending: Moving Towards a Common Definition and Workable Solutions." Joint Center for Housing Studies at Harvard University です。

第五章

金利はなぜ円高・円安を起こすのか

家計の視点から金利の問題を考えるとき、第三、四章でみた消費者金融や住宅ローンは個々人の意思決定が問題となる、いわゆる「ミクロ的な」問題です。これに対して為替レートの変動は個々の企業、家計でなく、政府や中央銀行の意思決定が問題となる、という意味でマクロ的な問題です。

テレビやネットのニュース番組等を見ていると、為替レートの動きの背景には日米の金利差がある、などと解説され、とりわけ日米の金融政策による金利誘導の影響が取り沙汰されています。では、金利と為替レートは、一体どう関連していて、その影響はどのような形で国民に波及していくのでしょうか。

1 固定相場の時代

まず、金利と為替レートの関係から順を追って整理していきたいと思います。

為替レートは、第一章でみたコールレートや国債利回りが金融市場での取引で決まるように、円やドルなど、異なる通貨を売買するマーケットである為替市場での取引で決まります。

政策金利と関係ない消費者金融などと異なり、為替市場では、政策金利の動向が強く意識されます。そのぶん、マクロ経済学っぽい議論が表面にでてきます。

しかし、だからといって経済学者がそれほど大きな顔をできるわけでもありません。

1970年代に固定相場制から変動相場制に移行したあとの為替レートの動きは経済学者たちが事前に期待していたほど安定的でもなければ、予測可能なものでもありませんでした。その後も、政府や中央銀行などの政策当局も経済学者も、その「不可解な」動きに翻弄され続けてきた印象があります。

†変動相場制を知るには固定相場制時代を振り返るとよい

為替レートはどう決まっているのか。[1]

実は、固定相場制のメカニズムを振り返ることで、変動相場制のもとでの為替レートの決まり方の本質や金利との関係の見通しはよくなります。

そこで、時計の針を第二次大戦末期まで巻き戻し、そこから話をはじめましょう。

1944年、米国のブレトンウッズで開かれた連合国国際通貨金融会議（45カ国参加）でいわゆるブレトンウッズ協定が締結されました。この協定が戦後の国際通貨体制の骨格を定めたのです。

この協定では、通貨間の交換レート（為替レート）を基本的に固定する固定相場制が採

用されました。具体的には、

①米国は、ドルの価値を1トロイオンスの金＝35ドルに固定し、ドルと金の交換を保証する（トロイオンスは貴金属取引の国際標準単位で、31・1034768グラム。通常のオンス＝28・3495グラムより約10％重い計量単位です）

②各国は自国の通貨とドルを「固定した為替レート」で結び付ける（たとえば、1ドル＝360円）

③国際通貨基金（International Monetary Fund: IMF）に加わる国は、国際取引の決済にドルを使う

という3点を骨子としていました。なお、IMFはブレトンウッズでの会議において調印されたIMF協定に基づき、45年12月に設立された国際機関です（日本は、1952年に53番目の加盟国として加盟、2024年6月現在の加盟国は190カ国）。IMFの主な目的は、加盟国の為替政策の監視（サーベイランス）や、国際収支が著しく悪化した加盟国に対して融資を実施することなどを通じて、（1）国際貿易の促進、（2）加盟国の高水準の雇用と国民所得の増大、（3）為替の安定、などに寄与すること、とされています。

この固定相場制は、米国が圧倒的な経済力をもち、かつ大量の金地金《きんじがね》を保有していることに支えられていました。しかし、その後、ベトナム戦争など、さまざまな理由で米国の対外負債はどんどん増えていきました。このため、「米国は、いずれ「ドルと金の交換」、という約束が果たせなくなるのでは」、という懸念が国際金融界で高まっていきました。

†固定相場制の終焉は突然やってきた

その懸念は的中しました。1971年8月15日、当時米国の大統領だったリチャード・ニクソンは突然「新経済政策」（いわゆるニクソン声明）を発表、ニクソン声明には、ドル防衛、雇用促進、インフレ抑制などと並んで、ドル防衛措置の一環としての「金とドルとの交換停止」も含まれていました。

これを契機にブレトンウッズ体制は崩壊しました。

「金とドルとの交換停止」は、事前に各国政府に予告なく行われたため、寝耳に水の国際金融市場は大混乱に陥り、欧州各国は次々に為替市場を閉鎖しました。一週間後に為替市場の取引は再開されたものの、各国は、とりあえずは変動相場制を採用しつつ、固定相場制への復帰に向けた協議に参加しました。

その後、1971年12月18日、スミソニアン博物館で開催された先進主要10カ国による会議で、主要国は中心相場見直しについて合意、円も1ドル＝360円から308円へと16・88％切上げられ固定相場制に復帰しました。この合意は、「スミソニアン合意」とよばれています。

しかし、その後も為替市場の混乱は収まりませんでした。73年2月に日本がふたたび変動相場制に移行、3月にはEC（欧州共同体）6カ国（フランス、西ドイツ、イタリア、オランダ、ベルギー、ルクセンブルク）も固定相場制を断念、戦後30年近く続いた固定相場制の時代は終わりました。これが、現在まで続く変動相場制の時代の幕開けでした。

†固定相場制で資金が自由に移動できれば日本の金利も米国で決まる

固定相場制のもとでは、資金を国際的に自由に動かせる（「資本移動が自由化されている」などと表現されます）場合、米国以外の中央銀行が国内の景気情勢に合わせて市場金利を動かす、という自国本位の金利政策は原理的に不可能になります。

為替レートが特定の水準に固定されている、と投資家が確信していると、自国の金利を米国の金利と同じ水準に近づけざるを得なくなる強い圧力が働くはずだからです。

たとえば、いま、1ドル＝100円という為替レート水準で、固定相場制を採用したとします。

①100万円を円で運用

円金利０％　＝　満期に利息つかない

➡100万円

②100万円をドルで運用

まず100円＝１ドルの為替レートで円をドルに交換

100万円÷100円＝１万ドル

満期にドル金利５％の利息＝500ドルがつく

➡1.05万ドル

１ドル＝100円の為替レートでドルを円に交換

➡1.05万ドル×100＝105万円

図表５－１　固定相場制のもとでの金利収入の比較：仮説例
注　単純化のために為替売買手数料等は捨象

このとき、１年定期のドル預金の金利が５％としましょう。同じ１年定期の円預金の金利が０％なら何が起きるでしょうか。

手持ち資金１００万円を１年間預金して、運用することを考えてみます。為替売買の手数料など取引費用の細部を無視して１年後の元利合計を比較すると、円預金の１年後の元利合計はむろん１００万円のままです。

このとき、投資家が、「為替レートは将来もしっかり固定され、１年後も１ドル＝１００円のままである」、と確信できるなら、円をドルに換えてドル預金にするはずです。ドル預金で運用し１年後ふたたび円に戻すだけで、１万５００ドル＝１０５万円になるからです（図表５-１）。

†金利裁定取引には金利差を破壊する威力がある

このように、円預金とドル預金、あるいは円建て国債とドル建て国債などの金利の間に差がある場合、その金利差を利用して利鞘《りざや》（資金を調達する金利と運用する金利の差による利益）を稼ぐことができます。

この利鞘を稼ぐ取引が第一章でも登場した金利裁定取引です。

この数値例のような場合、投資家が円で借金してドルで運用できるなら、円の借り入れとドルの運用を限界まで膨らませることで、手持ち資金がなくとも濡れ手に粟で巨額の利益が得られることがわかります。

つまり、政府が固定相場にコミットし、その為替レートで取引に応じる場合には将来の為替レートは確実に予見できるため、日本と米国で金利差があれば、投資家は金利裁定取引でリスクなく莫大な利益を上げ続けることができてしまいます。

このため、固定相場制で、たとえば、ドルの金利が高く・円の金利が安い状況では、資本流出入規制などで国際間の資金の流れを遮断しないかぎり、円を売ってドルを買う動きに歯止めがかかりません。しかし、政府の外貨準備は有限なので、この金利裁定取引には金利差を持続不可能にする破壊力があります。だから、国際間の金融取引が自由な場合、固定相場制のもとでは自国がコミットしている通貨価値を維持するために、自国の金利と米国の金利を同じにせざるを得ない圧力が強く働くのです。

コラム 国際金融のトリレンマ

国際経済学の分野では「国際金融のトリレンマ」としてよく知られている命題があります。これは、各国政府にとって望ましい項目

① 金利を各国が自由に決められる自律的な金融政策
② 為替レートの固定
③ 他国との自由な資本移動

の三つすべてを同時に実現するのは原理的に不可能、というものです。

この命題の系として、「資本移動が自由な日本が固定相場制を採用すると、金利は米国と同じにならざるを得ない（金利を自由に決める自律的な金融政策の放棄）」という本文の結論が得られます。

各国は①〜③のうち、二つを選ばざるを得ませんが、景気を安定化させるために自律的な金

融政策は実施したい国が大半なので、残りの二つのうちどちらを放棄するかの選択が多くなります。発展途上国は「自由な資本移動」をあきらめ資本流出入規制を採用することが多く、自由な資本移動が前提になる先進国は「為替レートの固定」をあきらめて変動相場制を採用しています。

2　変動相場制と価格裁定・金利裁定

変動相場制に移行したとき、為替レートがどう決まるかわかっていなかった

このように固定相場制のもとでは、為替レートと金利の原理的関係はきわめてシンプルです。シンプルである理由は、固定相場制が維持されると予想されているかぎり、投資家が将来の為替レートを確信して金利裁定取引で利鞘《ざや》が稼げることによります。

ところが変動相場制の時代に入ったとき、為替レートがどのようなメカニズムで決まり、金利や金融政策にどのような形で影響を受けるのかは、実は、経済学者にもよくわかっていませんでした。

このため、変動相場制への移行後、経済界や国際経済学界の関心は一時、為替市場で為

替レートが決まるメカニズムに集まり、1970年代から80年代前半にかけて、最新の為替レート決定理論に関する論文が数多く書かれました。もし、為替レートが決まるメカニズムが解明され、的確に予測できるようになれば、企業や投資家は飛躍的に戦略を立てやすくなるはずです。この問題に高い関心が寄せられたのは当然でした。

しかし、その後、国際経済学界の為替レート決定モデルへの関心は下火になっています。金利が為替レートに大きな影響を与えることは確かなのですが、予想外の経験を繰り返すなかで、変動相場制のもとでは為替レートを的確に予測することがきわめて難しいことがだんだんわかってきたからです。

それなら、金利が為替レートに与える影響を気にしなくてもよいのか。それはまったく違います。以下、時の経過を追いながら、その理由を説明します。

†各国の物価が為替レートを決めると考えた購買力平価説

さきほど、固定相場制時代には、変動相場制移行後の為替レートの動きは安定的だろう、と経済学者が期待していた、と書きました。

その理由は物価と為替レートの関係にあります。

為替レートの変動が経済活動や日常生活に与える影響を痛感させられるのは、物価への影響を通じてです。円安に大きく振れれば、ガソリン価格からワイン類にいたるまで輸入される財の価格が幅広く値上がりし、家計を直撃します。日本への旅行が割安になり、京都など著名な観光地は外国人旅行者で溢れます。こうした為替レートと物価との強い結びつきは日常でも実感できるものです。

そこからもう一歩進めて、国内と海外の物価の比率こそが為替レートを決めるのではないか、という考え方が出てきます。これは古くからある考え方で、スウェーデンの経済学者グスタフ・カッセルが、1920年代に提唱した購買力平価説（Purchasing Power Parity: PPP）という考え方として経済学者に知られていました。

†購買力平価説の根拠は価格裁定取引で説明できる

これは、一つの財だけが世界的に取引され、かつ輸送コストがほとんどかからない状況を出発点として考えると直観的にわかりやすい考え方です。

たとえば、iPhone の一機種だけが貿易の対象で、日米で生産され、日本では1台20万円、米国では1台2000ドルなら、為替レートは1ドル＝100円近辺でなければならないはずです。もし、1ドル150円なら、日本で20万円払って買ったiPhoneを米国では2000ドルで売り、その代価を円に換金すれば30万円になります。つまり、1台で10万円の利鞘が抜けます。違った市場の間での価格差を利用した売買で利鞘を抜く取引は「価格裁定取引」とよばれます。iPhone の例の場合は、小型・軽量なので輸送コストなどを勘案しても裁定取引は成り立ち、利鞘が得られそうです。利鞘があるかぎり、価格裁定取引は続くので、日本から米国への輸出超過が続きます。

むろん実際には、いろいろな財やサービスの貿易が存在しています。この場合でも、たとえば、1ドル150円の為替レートでは日本の財・サービスの多くが割安になり、日本で買って米国で売って利益が上がるのであれば、日本が輸出超過になりそうです。輸出超過であれば、日本の財・サービスを米国で売って得た売却代金であるドルのほうが米国の財・サービスを日本で売って得た売却代金の円より多いから、ドルと円の交換比率は円高に動くはずです。これにより、円が割安のために輸出超過になっている為替レートが是正され、貿易収支も均衡に向かう、そういったストーリーになります。円とドルの需要と供給の不均衡が為替レートを変化させる、という考え方は「為替需給説」という言い方をされることもあります。

先ほど、為替レートの固定相場制で金利差を崩壊させるのは金利裁定取引だ、と書きました。変動相場制移行で将来の為替レートがわからなくなるために金利裁定取引の力が弱まるなら、貿易取引の価格裁定あるいは為替需給で為替レートが決まるのでは、と考えるのはそれほど不自然ではありません。

†購買力平価説を応用しているビッグマック指数

ときどき新聞や経済誌などでみかける「ビッグマック指数」はこの購買力平価説を応用しています（発案した英国のEconomist誌は、ビッグマック指数をそう説明しています）。

「ビックマック」はマクドナルドの主力商品です。3層のパンに2枚のハンバーグと、レタス、タマネギ、ピクルスを挟み、下段には、プロセスチーズがたっぷり挟んである巨大なハンバーガーはマクドナルドの代名詞的存在といえます。マクドナルドのホームページでも、「おいしさも食べごたえもビッグなマクドナルドの人気メニュー。こだわりの100％ビーフと、特製ビッグマックソースが決め手」、などと説明されています。

マクドナルドは、ほぼ全世界でファーストフードチェーンを展開しています。2022年には、ロシア、ベラルーシなどからは撤退しましたが、それでも2023年現在で世界に約4万店舗があり、進出国では大都市からかなり辺鄙な田舎にまで幅広く店舗を展開しています。

このビッグマックの基本的レシピは各国でほぼ共通です。つまり、どの国でもビッグマックは、ほぼ同じ材料で、同じように生産され、同じ味と品質のものが提供されています。

そこで、各国のビッグマックの価格を比較し、「各国通貨の購買力」を比較しよう、というのが「ビッグマック指数」の考え方です。

この指数は、Economist誌によって1986年にはじめて発表されて以来、定期的に公表され続けています。Economist誌は、ビッグマック指数は、通貨が「正しい水準」にあるかどうかを示す気軽なガイドである、としており、その背後にある購買力平価説について、どの国どうしをとってみても、長期的には為替レートは同一の商品とサービスの組み合わせ（バスケット）の価格が均等になる水準に向かうべきであるという概念だ、としています。最初は冗談のようなものと思われていたビッグマック指数ですが、しだいに定着し世界的に認知されるようになりました。

2023年1月時点で円表示のビッグマック価格をみると、大きなばらつきがあり、日本のビッグマックは、円換算で、なんとスイスの半値を大きく下回っていたことがわかります（図表5-2）。

その後、日本のビッグマック価格は、若干値上げされたようで、Economist誌は、2023年7月の日米のビッグマックの価格について、日本では450円、米国では5・58ドル、ビックマックから示唆される為替レートは80・65円、としています。為替レートが80・65円まで円高になれば、5・58ドルのビックマックは450円で買えるからで

1位	スイス	944円
2位	ウルグアイ	891円
3位	ノルウェー	857円
4位	スウェーデン	731円
5位	デンマーク	704円
6位	米国	697円
7位	アルジェリア	690円
8位	オーストラリア	665円
9位	サウジアラビア	658円
10位	イスラエル	658円
・・・		
21位	シンガポール	581円
23位	ブラジル	578円
30位	韓国	516円
31位	タイ	507円
36位	中国	460円
41位	**日本**	**410円**
42位	英国	401円
51位	インド	330円

図表５－２　円表示のビックマック価格（2023年１月）
出典　世界地図の99%を私たち家族はまだ知らない
https://sekai99.com/

す。これと当時の実際の為替レート142・08円を比較すると、日本円が43・2%過小評価されている（本来あるべき水準より円安になっている）ことを示唆している、と主張しています。

　もちろん、いくら東京のビッグマックがニューヨークのビッグマックより安くても「裁定取引」をするのは無理でしょう。しかし、そうだとしてもその価格の開きがきわめて大きいことに驚かされます。いろいろな財について、同様の価格水準の違いが存在している場合、その調整圧力が為替レートに向かうはずだ、というのが直観的にもうなずける購買力平価説の考え方だからです。

コラム ビッグマック指数拡張の試み

ビッグマック指数の人気が高まるなかで、気を良くした（?）Economist 誌はホームページで、ビッグマック指数のいろいろな拡張に乗り出している、としています。たとえば、グルメ版の指数を計算しはじめた、とか。

必ずしもグルメでないふつうのエコノミストにとっても興味深いと思われるのは「ＧＤＰ調整済み指数」を提供しはじめていることです。これは、貧しい国のほうが、人件費が低いため、豊かな国よりもハンバーガーの平均価格が安くなるはず、というビッグマック指数への批判に対応したもの、としています。Economist 誌は、日米のビッグマック価格について人件費の代理変数として一人当たりのＧＤＰの違いを調整した指数では、２０２３年7月の円の過小評価幅は少し小さくなり39・7％であることが示唆される、としています。

†購買力平価で決まるなら為替レートは安定化するはず、と期待されていた

Economist 誌だけでなく、多くの経済学者や政策当局者は購買力平価による適正為替レートを試算してきました。

こうした試算では、通常、iPhone やビッグマックなど、個々の財に注目する方法は使

われません。代わりに、各国ごとにいろいろな財・サービスの価格をそれぞれの国の家計の消費割合（消費バスケットに占めるウエイト、などとよばれます）で加重平均して計算した消費者物価指数の動向を比較する、という方法が使われます。

もし、消費者物価指数で購買力平価が近似でき、それが為替レートを決める原動力であれば、日米の消費者物価指数の動き（インフレ率）の開きが大きいときでもたかだか数％程度であることに照らすと、先進国間の為替レートは乱高下せず安定するのではないか。それが、変動相場制移行時の経済学者の期待でした。

本当に、各国の物価指数の間での購買力平価的な関係は、為替レートを安定的に動かすだろうか。変動相場制への移行当初から、この点は大きな関心を集めました。

変動相場制への以降直後の１９７３〜７７年くらいまでは、為替レートは、少し長い目でみれば購買力に沿って動いているようにみえました。

１９７０年代末に国際収支や為替レート決定理論の研究を国際的にリードしていたのは米国のシカゴ大学とその出身者たちでした。この時期、その動向を日本の学界にいち早く紹介したのは、当時、シカゴ大学の大学院からの留学を終えて帰国したばかりの白川方明《しらかわまさあき》氏です。のちに日本銀行総裁になる白川氏が70年代末に対外公表した論文[2]をみると、為替レート変動が長期的に正確に内外相対比価変動に一致するか否か、すなわち購買力平価式が完全に成立つか否かは、未だ論争の対象となっている。しかし、実際のデータをみても近似的に成立つことはほぼ結論づけられそうである。

と書かれています。この論文が書かれた時期までのデータに照らし、当時の学界では中長期的には購買力平価が成立し、為替レートの変動を安定化させるのでは、と期待されていたことがわかります。

コラム　消費者物価指数は価格裁定の基礎と考えてよいのか？

そう簡単ではありません。

消費者物価指数の性質は各国でかなりの違いがあります。また消費者物価指数には価格裁定の基礎となりにくい要素もあります。たとえば、

・それぞれの国で何を・どれだけ消費するかの割合は異なっている

・国際的に取引できない非貿易財も消費者物価指数には含まれる

・貿易可能な財・サービスについても、輸送コストや国内での流通サービス（もちろんこれは非貿易財です）のコストが価格に付け加わっている
・企業が独占力を持つ財の場合、たとえば、米国では高く・英国では安く……、というように市場ごとに異なった価格設定をするほうが利益を高められる可能性がある

といった点です。したがって、消費者物価指数を価格裁定の基礎として考えることは、本来、かなり大胆な飛躍をともなっています。

†大きく変動しはじめた実質為替レートと「PPPパズル」

ところが、為替レートは、ビッグマック指数にみられるように購買力平価トレンドから大きく乖離したままの状態を続けるようになり、しかも、非常に大きく変動しはじめます。

1ドル＝360円といった2国間の為替レートをインフレ率の格差で調整した為替レート指数を実質為替レートとよびます。もし購買力平価説が成り立っていれば、為替レートは物価の違いを調整するように変動するはずなので、実質為替レートは大きく変動せず、安定しているはずです。

しかし、実際には、実質為替レート指数は大きく変動し、なかなか購買力平価トレンド

に戻ろうとしませんでした。
20世紀が終わりに差し掛かった1996年、ハーバード大学の著名な国際経済学者でIMFの調査局長も務めたケネス・ロゴフは、実質為替レートの変動が非常に大きく、均衡からの乖離が解消されるのにきわめて長い時間がかかる現象を「PPPパズル」とよびました。[3]
購買力平価が為替レートを引き留める力は高いだろう、と考えていた変動相場制移行直後の国際経済学界の予想に比べ、実際には為替レートの購買力平価からの乖離は、驚くほど長く続くらしい。ロゴフはこの事実をパズルとよんだわけです。

†ふたたび関心を集めた金利裁定

それなら、なにが為替レートを動かしているのか。購買力の代わりに理論の表舞台に登場してきたのは、固定相場制時代と同じ金利裁定です。購買力平価が長期的あるいは超長期的には、為替レートのトレンドを規定するとしても、短期的にはやはり金利裁定の影響力が大きいらしい。

1970年代後半以降、これを為替レート決定の基本的な要因とする見方が学者の間では有力になっていきました。

この時代の考え方を代表する例は、マサチューセッツ工科大学（MIT）の教授だったルディガー・ドーンブッシュの「オーバーシューティング現象」でしょう。

これは、ドーンブッシュが、MITに若手准教授に移籍したばかりだった1976年に公表された論文[4]の中で展開された考え方でした。

オーバーシュートは飛行機の着陸時のオーバーランや、居眠りした通勤客の乗り越しのように「最終的な目標点を行き過ぎてしまうこと」で、そこから本来の目標点に戻ります。為替レートについていえば、金利変更などのショックがあると、一時的に購買力平価などで決まるはずの最終的な到達点よりも行き過ぎた変動、つまり大きな円安や円高が必然的に起きる。だから為替レートの変動は予想以上に大きいのだ、と考えたわけです。

この考え方の基礎である金利裁定は固定相場制とまったく同じような数値例で表現することができます。ただし、将来の為替レートは固定相場制時代のように政府のコミットメント（1ドル＝360円のような固定相場を将来も維持する）という確固たる約束でしっかり裏付けされたものではなく、その時々の投資家の予想（期待為替レート）というきわめてあやふやなものです。それが、固定相場制と同じように現在の為替レートを決める、という状況が想定されていることに注意しておく必要があります。

†為替レートはオーバーシュートする？

いま、先ほどの固定相場の例とおなじように円金利は0％、ドル金利は5％としましょう。

変動相場制なので現在の為替レートは決まっていません。わからないので未知数を意味するχを使い、1ドル＝χ円としましょう。

そして1年後の予想為替レートは「購買力平価で決まる」、と投資家が予想するとしましょう。その値を先ほどの例に合わせて1ドル100円とします。

この場合、日米の5％の金利差が埋まるには、1年後の予想為替レート100円に対し、いまの為替レートが105円まで円安になる（1年間に5％の円高が起きる）ように為替レートが変動し日米どちらの金融資産で運用しても利回りは同じ、という状態が生まれる必要があります。そして、そのあと、徐々に円高になることで金利差を埋め合わせます。

固定相場制では、為替レートを固定するために、内外の金利が同じになる必要がありました。いわば為替レートが原因、金利が結果、という関係です。それを支えていたのは、固定相場制に裏打ちされた予見可能な将来の為替レートです。

しかし、変動相場制では、この関係が逆転します。各国の金利差とつじつまが合うように為替レートのほうが動く、と考えるのです（図表5-3）。

金利差を埋めるために、一時的に最終的な到達点よりも行き過ぎる円安や円高が起きている、というオーバーシューティングの考えは、乱高下する為替レートを説明する魅力的仮説として国際金融学界で大流行しました。

しかし、ドーンブッシュのモデルと現実を真剣に比較すると、その魅力は大きく色褪せます。政策金利の変更などのショックでモデルが起こしそうなオーバーシューティングは、いくら大きく見積もっても、たかだか数％程度にすぎず、しかも、その直後から反動で逆方向に動くというのが理論の予想する為替レートの挙動だからです。

しかし、現実には、たとえば、各国がドル高是正を打ち出した1985年9月のプラザ合意の前後では、同年8月に1ドル約240円であったものが、1年後に1ドル約150円に到達しました。しかも、この40％を上回る大幅な円高は、連続的な一方向への動きとして進行しました。オーバーシューティング仮説では、こうした一方向に偏った為替レートの持続的変動はうまく説明できません。

†一時大きな関心を集めた為替リスク・プレミアムの影響

なにか追加的な要素はないか。経済学者は、プラザ合意に先立つ1977〜78年にか

①100万円を円で運用

満期に円金利0％の利息＝利息なし

➡100万円

②100万円をドルで運用

100円＝χドルの為替レートで円をドルに交換

100万円÷χ円＝100／χ万ドル

満期にドル金利5％の利息＝100/χ万×0.05ドル　を足す

➡1.05/χ万ドル

1ドル＝100円の為替レートでドルを円に交換できると予想（期待）すると

➡1.05/χ万ドル×100＝**10500/χ万円**

投資家は金利裁定で円運用とドル運用を比較し､円運用が有利なら円が買われ､ドル運用が有利なら円が売られる。

最終的に円運用とドル運用の利回りが同じになる為替レートの水準に落ち着くはず

この例の場合、100万円＝10500/χ万円

だから為替レートは　**χ＝10500÷101≒105.0円**　になる。

図表5－3　変動相場制のもとでの為替レート決定についての仮説

注　単純化のために為替売買手数料等は捨象

けて、現実の為替市場の奇妙な動きに注目していました。為替レートが経常収支の累積不均衡額とほぼパラレルに黒字国通貨高に大きく振れているらしいことに気づいたのです。

そこで、為替レート変動リスクへの対価としてのリスク・プレミアムが脚光を浴びはじめます[5]。

オーバーシューティングの前提となっていた単純な金利裁定では、投資家が内外金利差だけに着目した金利裁定行動を採ることが想定されています。

しかし、日本の投資家にとっては、円預金の金利が0％の場合、円預金した100万円は1年後の100万円のまま価値が維持されているのに対し、5％でドル預金したほうは為替レートが変動するために、1・05／χ万ドルがいくらに着地するかは不確実です。政府が特定の為替レートにコミットする固定相場制と異なり、購買力平価であれ、なんであれ、為替レートの予想が的中する保証はどこにもないからです。

日本の投資家はこのような為替レート由来の不確実性（為替リスク）を好まないはずです。それなら、ドル預金やドル建債の利回りが円の利回りより十分高くないかぎり、ドル建資産に投資しようとはしないはずです。

つまり、為替リスクは外貨建資産に対してはより高い利回りを要求することになり、たとえば、日本の経常収支黒字が累積した結果としての対外純資産（政府や企業、個人などが海外に持つ金融資産を示す「対外資産」の金額から、海外の政府や企業、個人などが日本に持つ金融資産を示す「対外負債」の金額を引いた残高）の積み上がりは円高をもたらすことになるはずでした。

†グローバリゼーションで為替リスクの影響は低下したらしい

しかし、その後、経常収支や対外純資産残高と為替レートの関係は、どんどん希薄化していきます。こうした現象については、金融のグローバリゼーションで多くの企業が外貨建資産を保有するようになったら、リスク分散が進み為替リスク・プレミアムが小さくなるためではないか、という見方もありました。

日本の対外純資産の為替レート変動リスクを1000社で負う場合に比べ、10万社で負う場合には、為替リスク負担に求める対価は当然に小さくなる、というのが為替リスク・プレミアムが小さくなる直観的な理由です。そうだとすると、経常収支の黒字やその累積結果としての対外純資産が為替レートに与える影響は、グローバル化が進めば進むほど重要でなくなることになります。

むろん、金融危機など市場環境が激変してリスクが顕在化すると、市場参加者は大慌てし、突然、為替リスク・プレミアムを激変させることは想像に難くありません。とはいえ、平時の為替レートの決まり方、という観点に限定すれば、為替リスク・プレミアムを経由する経常収支と為替レートとのリンクはやはりグローバリゼーションで小さくなるようにみえます（ただし、経常収支変動が金融政策などの先行きについてのなんらかの重要な情報を含んでいる、として受け取られた場合は、話は変わってきます。これはリスク・プレミアム経由でなく、後で取り上げる「ニュース」の文脈での影響、ということになるでしょう）。

†対外直接投資が大きく増えたことも為替レートに影響している

円の動向について、もうひとつ見逃せない要素として、近年、日本の対外直接投資が大きく増加したことも挙げられます。

対外直接投資は、海外に工場などの生産設備を展開したり、既存の海外企業への経営参加や買収のために海外企業の株式を購入したりすることを指します。

対外直接投資の増加は第一義的には海外での投資のためのドルの需要を増加させ、為替需給を通じて円安にはたらくことが考えられますが、対外直接投資が累積的に増加することで、対外純資産の構成を変化させることも為替レートに影響を与えると考えられます。

かつては、対外純資産の中心は、政府が持っている外貨（外貨準備）を除けば、民間が持っている金融資産（証券投資）が中心でした。この場合、金利裁定に付随するリスク・

プレミアムが為替レートに影響を与える、というストーリーは腑に落ちやすいものです。

しかし、その後、日本の対外直接投資は拡大を続けました。貿易摩擦の苦い経験から製造業が輸出を現地生産に切り替えるなど、海外への生産拠点シフトを進めたのはもちろんのこと、国内市場が頭打ちになり、成長が見込めないなかで非製造業も旺盛に海外進出を進めています（この間、海外から日本への対内直接投資は伸び悩んでいます）。

2023年度末には、日本の対外純資産残高約470兆円のうち圧倒的に大きいのは対外直接投資残高の約250兆円（その次は政府の外貨準備額で約180兆円）となっていて、対外直接投資残高は、証券投資残高などその他の民間資産項目を大きく上回っています。

対外直接投資の結果の対外資産は、かなり長期間、投資先国で活動することが前提で保有されているはずです。証券投資とは違い、目先の金利裁定で売買されるものではありません。このため、対外直接投資の形で対外純資産が積み上がっても為替リスク・プレミアム経由で円高圧力として働く可能性は低いと考えられます。

3　為替レートの予測はなぜ当たらないのか

このように為替レート決定メカニズムについて、経済学者は、想定外の為替レートの動きに翻弄されながら、さまざまな要素を取り込む工夫をしてきました。

しかし、新たな要因を織り込んで構築された「為替レート決定理論」は過去の為替レートの変動を一時的にうまく説明できるようにみえても、そのモデルを使って将来の為替レートを予測してもさっぱり当たらない、という壁に繰り返し突き当たってきました。

†理論モデルはランダム・ウォークに勝てない

やがて、為替レートの短期的変動の予測はどの理論モデルでも困難らしい、ということがだんだん明らかになってきました。こうした傾向は円とドルの為替レートのみならず、主要通貨間の為替レートに例外なくあてはまったのです。

為替レートについてのもっともシンプルな予想は、来期の為替レートは今期の為替レートと同じ、というものです。理論的には、この予想は為替レートが「ランダム・ウォーク」する、と表現されます。

いろいろな理論モデルによる為替レートの予想が、先行きも横ばい、というランダム・ウォークの予想以上の成績があげられない、ということなのです。

コラム ランダム・ウォーク・モデルの使い道

ランダム・ウォークは、昔の教科書では「酔歩《すいほ》」と訳されていました。帰宅する方向がわからなくなるほど泥酔した酔っ払いが、あてどなくでたらめに歩いているとき、一千歩とか一万歩とか、特定の歩数を歩いたあとの位置の確率的な期待値を求める問題を「酔歩問題」とよんだりします。

ランダム・ウォークは泥酔者の現在位置の推定を超えて、いろいろな現象を記述できる強力な威力を発揮する仮説として多くの分野の学者が使ってきました。

たとえば、スコットランドの植物学者ロバート・ブラウンが水面に浮かんだ花粉の微細な粒子の奇妙な動きを顕微鏡で観察していて発見したとされる「ブラウン運動」について、水面の花粉のように液体に浮遊している細かい粒子の不規則な運動がランダム・ウォークになることを理論的に示したのはアルバート・アインシュタインでした。

為替レートの「アンカー」はなにか

為替レートの短期的な変動をランダム・ウォーク以上に正確に予測するモデルが作れないのは困ったことです。

しかし、為替レートの短期的変動がランダム・ウォークになる理由には、水面に浮かんだ微細粒子の動きをランダム・ウォークで説明する物理学的な分析と同じように、きわめて有用な知見が潜んでいます。

為替レートに影響を与える重要な要因として理論に組み込まれてきたものを振り返ると、将来の為替レートについての予想、内外金利差、リスク・プレミアムに影響を与える対外純資産残高などですが、カギを握っているのは予想為替レートです。予想為替レートは「アンカー（錨）」ともよばれ、金利差とともに現在の為替レートを決める中核的な変数だからです。

予想為替レートはブレトンウッズ体制が盤石にみえたころの固定相場制であれば、

金35分の1トロイオンス＝1ドル＝360円

という形で為替レートをがっちりつなぎ止める「不動のアンカー」であった、といえます。

しかし、変動相場制のもとでの「将来の為替レートの予想値」は、形式的にまったく同じ形で「アンカー」として金利裁定のなかに組み込んで表現できても、固定相場制の時代とは程遠い、不安定きわまりない存在です。

経済学者が、たとえば、オーバーシューティング・モデルを作るとき、「投資家は購買力平価に見合う為替レートが将来的に実現すると予想する」と仮定し、これをアンカーとすることで、数理モデルのうえではきれいに完結させることができます。

しかし、実際に、投資家が「将来の為替レートはつねにビックマック指数の示唆する「正しい水準」に向かっていき○年後にそれが実現する」などと予想しているはずはありません。

†「ニュース」こそが為替レートを動かす

現実には一体なにが起きているのでしょうか。

ファイナンスの研究者が提唱してきた考え方に効率的市場仮説というものがあります。「資産の価格は、それに影響を及ぼす利用可能なあらゆる情報がただちに織り込まれて形成される」と考えるものです。

為替レートも外貨という資産の価格です。そうすると、為替レートを動かすのは、それまで織り込まれていなかった新しい情報、すなわち「ニュース」ということになるはずです。「新しい情報＝ニュース」が到来すると、投資家はいっせいに予想を修正するでしょう。

それは、新聞紙面のニュースではなく、文字通り昨日は存在しなかった「本当のニュース」です。たとえ新聞が大きく取り上げていても「新味がないニュース」は、為替レートにまったく影響を与えないはずです。たとえば、日本銀行の金融政策決定会合で政策金利が変更されても、それが市場参加者の予想どおりだった場合には、新聞の一面には大きく取り上げられても、為替レートにほとんど影響を与えません。

ニュースが為替レートに与える影響についてのこのような捉え方は正しいとしても、「ニュース＝新しく得られた情報」という定義から明らかなように、為替レートの予測力を高めるものではありません。今は知ることができないゆえにニュースになる未知の情報が、為替レートを動かし、為替レートをランダム・ウォークさせていくことは、つまり予測困難であることを意味するからです。だから、「為替レートは前期と同じ」、と予想するランダム・ウォーク・モデルの説明力は高いのです。

†「美人投票原理」も作用してしまう

為替レートは将来の為替レートの予想に依存し、それゆえニュースに反応する。

この状況は、為替レートの決定に関して、ケインズの美人投票問題と同じきわめて厄介な問題を追加的に引き起こします。

美人投票問題というのは、マクロ経済学の生みの親であるケインズが、投資家の行動パターンを表す例え話として示したもので、

「新聞社が読者に100人の女性の写真を提示し、そのうち、もっとも美しい6人を投票してもらい、上位6人を当てた読者に賞品をだす」という場合、どの6人に投票するべきか、という問題です。

この問題で、ケインズが指摘したのは、各投票者が賞品を獲得するためには、「自分がもっとも美しいと思う人」を選ぶのではなく、「他の投票者が美しいと思うであろう人を選ばなければならない」ということです。

何年か前、この美人投票問題についてある社会人大学院の授業で取り上げたことがあります。この話の前振りとして、聴講者の何人かに「いま日本で一番美しいと思う人は誰ですか」と尋ねました。著名な女優さんなどの名前が何人か挙がったあと、初老の参加者が、はにかみながら、しかし決然と「自分は妻だと思っています」という答えを返し、オーという小さなどよめきが起きました。

これは、美人投票原理の本質にかかわる答えです。この方は、自分にとっては妻こそが日本一美しい、と考えています。しかし、もし、人生を共に歩んできたその人が誰よりも美しいと確信しているとしても、個人的経験ないし情報と切り離されて、その人の写真が

新聞社の選んだ100枚に「1枚の写真」として含まれている場合、あくまで商品を目当てに参加するなら、6枚のうちの1枚にこの写真を入れるでしょうか。

†「自己実現的予言」が起きる可能性

株価や為替レートについても美人投票問題が起きます。この場合、市場で決まる価格を判断するうえで、投資家にとってもっとも重要なのは、自分が正しいと考える市場価値の予想ではなく、他の投資家が市場価値をどう予想するか、という「予想についての予想」です。

たとえば、あるとき、ある投資家がトヨタ株は値上がりすべき、と判断していた状況で、カリスマ的な投資家が「トヨタ株は値下がりする」と断言したとしましょう。多くの投資家が「他の投資家もこのカリスマ投資家の見方を尊重するだろう」と判断すれば、とりあえずこの投資家はカリスマ投資家の意見に従うでしょう。

投資家の関心は市場で成立する価格であり、今、ほんとうは、割安であったとしても、当面は値下がりする可能性が高いのであれば、しばらくはその流れに乗って売りに回るほうが合理的になり得ます。投資家の合理的な行動の結果としてさらに安値が進むことで、カリスマ投資家の予想は的中してしまいます。これが「自己実現的予言」とよばれる現象です。

「為替レートを動かすニュース」と美人投票を結びつけると話はさらに複雑になります。重要なニュースがどの方向に為替レートを動かすかは、本来、正しいと考えられる理論的関係よりも、そのときどきの多数意見によって決まるからです。

たとえば、米国の財政赤字拡大というニュースが流れたとしましょう。「財政赤字が拡大すれば米国の輸入が増え国際収支の赤字を拡大させるはずだから、ドル安要因だと市場参加者の多くは考えるだろう」という「為替リスク・プレミアム理論」的なストーリーを多くの投資家が多数派説とみなせば、米国の財政赤字はドル安をもたらすでしょう。

しかし、「財政赤字が拡大すれば米国の国債発行量が増えるはずだから、それを買ってもらうために米国金利は上がるはず。だからドル高要因だと市場参加者の多くは考えるだろう」というストーリーが多数派説とみなされれば、米国の財政赤字はドル高をもたらし得ます。

どちらのストーリーが主流になるかは時と場合によって異なり得ます。どちらのストーリーが選ばれるかは、どちらが正しいかではなく、その時点で、どちらがより多くの投資家に受け入れられると投資家たちが予想するかによるからです。

†美人投票原理からみたソロス・チャートの説明力の変遷

すでに説明したように、為替レートは原理的には金利差が大きく作用するはずです。しかし、美人投票原理で大きく攪乱《かくらん》されることもあります。

為替レートと金融政策を直接的に結びつける説として、日本でしばしば持ち出されるものに「ソロス・チャート」があります。

これは、ヘッジ・ファンド界のカリスマとして著名なジョージ・ソロスが考案したとされ、2国の「マネタリーベース（銀行券・硬貨発行残高と民間の金融機関の保有する中央銀行当座預金残高の合計）」の比率が為替レートを動かしている、とするものです。図表5-4は、みずほ証券のYouTubeチャンネルのソロス・チャート紹介例です。

ソロス・チャートには金利は出てきません。為替レート変動と金利差を切り離すこの考え方の理論的源流を探れば、①購買力平価説と、②通貨量が物価を決めるというマネタリズム、の組み合わせにたどり着き、両者がいずれも有力視されていた1980年代の理論に近いものに思えます。

しかし、ソロス・チャートの人気の根源は、今や色褪せた理論の説得力ではなく、圧倒的にソロスのカリスマ性の高さに拠っていると思われます。

ソロスは、１９９２年８月、英国ポンドが本来の価値以上に高止まりしているとして、大規模なポンドの空売りを仕掛けたことで有名です。これに対し英国政府やイングランド銀行は、ポンド買いや公定歩合の大幅引上げ（10％→12％→15％）等で防戦したものの、

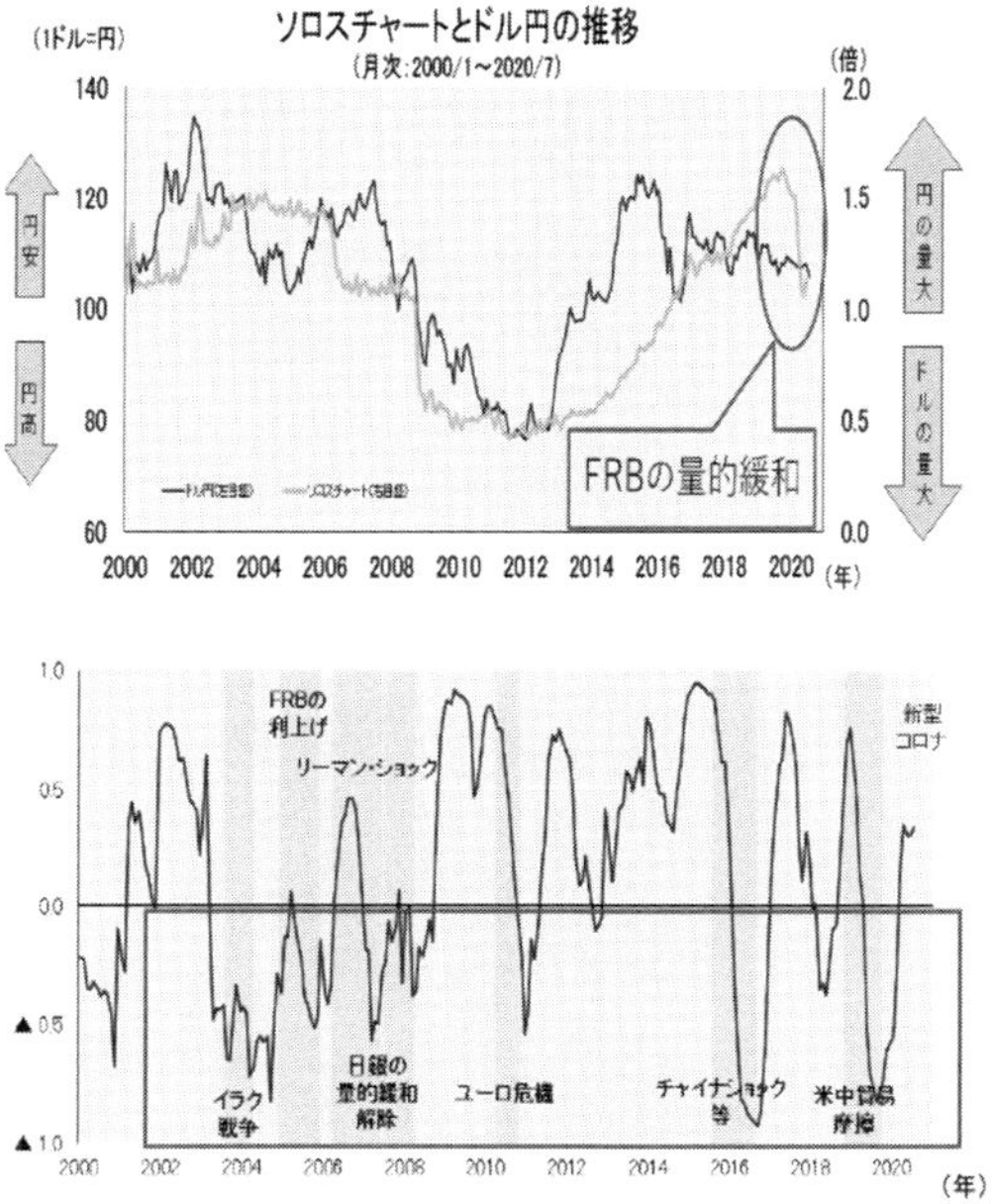

図表５－４　ソロス・チャートとドル円の関係
（2000年～2020年７月）
出典　みずほ証券 YouTube 公式チャンネル「みずほ為替塾」

ポンド相場を維持することができず、9月17日、欧州通貨制度（EMS）からの脱退を余儀なくされました。この出来事で、ソロスの名は国際金融界に轟きわたり、それ以来、カリスマ投資家として一目置かれています。

実際の円ドル・レートの動きとソロス・チャートを比べると、相関が高い時期もあれば、まったく相関していなかったり、むしろ逆相関だったり、といった時期も多くあり、両者の関係がきわめて不安定であることがわかります。

ソロスのカリスマ性や日本語のインターネットではソロス・チャートがかなり注目されていることに照らすと、金利裁定と直接関係のないソロス・チャートが、時期によっては自己実現的予言の拠り所として、円ドル・レートに影響を与えた可能性は否定できないように思えます。

†金利と為替レートの関係の要約

ここまで、金利裁定を軸に為替レートがどのように決まっているかを概観してきました。話が多岐にわたったので、金利との関係に立ち戻って要約すると、金利は金利裁定を通じて為替レートに基本的な影響を与えているが、短期的にはさまざまなニュースが市場参加者の予想を動かし、美人投票原理も働くので、その関係が必ずしもストレートには現れ

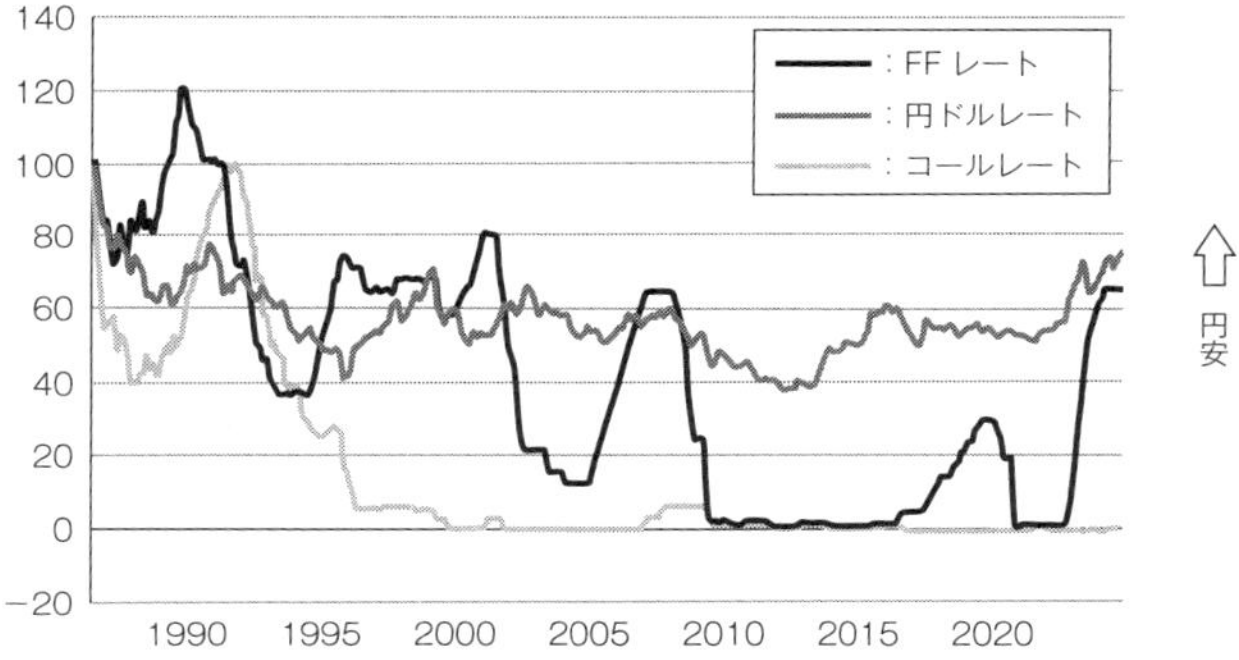

図表5－5　円ドル・レートと日米の金利指標動向
注　いずれの指標も1985年12月=100で指標化
セントルイス連銀データ検索サイトFREDから筆者作成

るとは限らない、ということになります。そのうえで、円ドル・レートと日米の政策金利指数の動向を見くらべてみましょう（図表5-5）。

これを見ると、1990年代後半以降、長期停滞局面を迎えた日本の政策金利はゼロ近傍に貼り付いてきたため、大きな金利差の変動をもたらしているのは米国の政策金利の変動であること、とりわけ米国の金利が上がる局面では、円安が拡大しがちであることが見てとれます。

4　為替レートと金利をめぐる不都合な真実

以上、為替レートの決まり方を金利との関係についてみてきました。

それでは、金利の影響を受ける為替レートの動向は肝心の国民生活にどのような影響を与えているのでしょうか。

円安についての政府の懸念

２０２０年代以降の世界経済は、新型コロナの感染の急拡大とそれに対応する財政出動、ロシアのウクライナ侵攻に端を発する穀物や原燃料価格の上昇などに直面してきました。これにより世界的にインフレが進行しました。

世界的にインフレが進行する状況は、家計はともかく、日本銀行にとってはわるいことではありませんでした。黒田総裁時代の悲願である2％の物価上昇目標の達成をもたらす可能性にもつながるからです。しかし、世界的にインフレが進み、金利が上がるなかで、日本銀行だけが超低金利政策を断固として維持する、というニュースは、しばしば、円安を大きく進行させました。

円安の行き過ぎには政府も懸念を示していました。２０２２年4月15日の閣議後の記者会見で鈴木俊一《すずきしゅんいち》財務大臣は、「悪い円安とはどのような状態のことを指すのか、また政府・日本銀行はそれについてどのような対応が必要になるのか」、と問われ、為替が20年ぶりの円安水準に達した、為替の安定は重要で、特に急速な変動は望ましくないと思っている、としたうえで、輸入企業の原材料費、労働者の賃金との相対的関係に言及して、悪い円安への懸念を示していました。

「日本にとって円安はプラス」という議論の落とし穴

これに対し、日本銀行の黒田総裁は2022年6月6日の講演で「為替円安は、輸出物価と輸入物価をともに押し上げるため、交易条件に対し概ねニュートラルです」とし、輸入物価だけでなく輸出物価も上がるから円安自体は問題ない、という認識を示しました。

黒田総裁は円安に肯定的でした。そこには物価の押し上げ効果だけではなく、経済全体を浮揚させる、という期待もありました。実際、日本銀行は、2022年1月に発表したレポート（展望レポート）で円安の日本経済への影響を分析し「円安が10％進めば実質国内総生産（GDP）を年間で0・8％ほど押し上げる」、という円安の恩恵を強調する分析結果を示していました。この分析が正しければ円安は日本経済に全体としては利益をもたらすことになる、というわけです。

しかし、ひとつ大きな問題があります。円安の利益は企業・家計に相似的に均霑《きんてん》されるのではなく、日本経済へのさまざまな影響を数字的に足し上げれば、中立ないし若干のプラスであっても、そこには明確な受益者と被害者が存在する、ということです。

さきの日本銀行のレポートでは、円安の主な効果波及経路として、

①輸出企業の価格競争力が改善することで輸出数量が増える
②輸出金額が増加することで企業の収益が増える
③訪日外国人によるインバウンド消費が増加する
④外貨所得の円換算値が大きくなる
⑤輸入コストが上昇することによる国内企業の収益および消費者の購買力低下が起きる

を挙げています。

これらをみれば明らかなように、円安の恩恵（①〜④）を受けるのは主に海外の顧客向けに財・サービスを販売する輸出型企業であり（訪日外国人を受け入れる観光業もここに含まれています。③）、円安によるダメージ（⑤）を受けるのは輸入品に依存し主に国内顧客に販売する企業や家計です。

†円安には輸出企業を潤し家計を圧迫する強い「再分配効果」がある

それでは、その利益・損失の大きさはどのくらいのオーダーの大きさなのでしょうか。第一次接近として貿易経由の影響を取り上げてみます。日本銀行の展望レポートも指摘しているように、円安による輸出数量の押し上げ効果は近年あまり働かないことが知られていますので、日本銀行のレポートが指摘している、②輸出金額が増加することで企業の収益が増える効果と、⑤輸入コストが上昇することによる国内企業の収益および消費者の購買力低下が起きる効果、に着目し、円安が数量に影響を与えず価格だけを動かし、輸出金額・輸入金額を比例的に変化させた影響をみることにしましょう。

まず、2021年平均では110円だった円ドル・レートは、2022年には20％程度円安の132円、2023年では、さらに6％円安が進み、140円程度になっています。

輸出入金額（通関ベース）はだいたい100兆円程度ですから（たとえば、2021年の通関輸出額は83兆円、2022年は同98兆円でした）。2022年の20％の円安が輸出入金額を20％比例的に増加させるとすると、おのおのの金額は約20兆円ふくらみます。それだけ輸出型企業の利益を増やし、輸入型企業ないし家計には負担になります。

これは消費税10％の税収にあたる金額です。それが消費者ないし輸入型企業等に消費税のように賦課されると同時に、ほぼ同額が輸出型企業への補助金として交付される、おおざっぱに言えばそんなイメージになります。

むろん、この見積りはきわめて大胆な単純化の仮定に拠る概算です。ここで取り上げた輸出入金額への影響に限っても、輸出のドル建て契約比率は5割程度、輸入については7

割程度ですし、企業の価格戦略もからむので、円ドル・レートの変動がそのまま最終的な国内価格などに反映するわけではありません。しかし、他の詳細な推計作業結果と比較すると右記の大摑みの試算による家計への負担は、的外れでもなさそうです。

コラム 円安の家計負担について細かく積み上げて計算した事例

NHKのNEWS WEBが2023年11月1日に配信した「円安加速いったいなぜ？ 家計の負担いくら増える？ 年収別に試算」という記事では「みずほリサーチ&テクノロジーズ」が総務省の家計調査などをもとに円相場が1ドル＝150円で推移した場合（前年度比7・5％の円安）の家計への負担増を細かく積み上げた試算を報道しています。それによると、政府の物価高対策を除くと、2023年度、二人以上の世帯の家計の負担額は前年度と比べて平均で約13万5000円増、という結果になっています。

2022年の二人以上の世帯の消費支出は、一世帯当たり350万円程度なので、前年度比7・5％の円安が消費の約4％の負担をもたらしたことになります。これは、この本のラフな試算（20％の円安で、10％の消費税増税相当）とほぼ同程度です。

†「受益は輸出企業へ・損失は家計へ」という構造は固定化している

このように、円安による家計への負担はきわめて大きいものです。

しかし、もし、為替レートが円高化したり円安化したりするものなら、やや長い目でみれば受益者と被害者は入れ替わりうるはずです。

この観点からは、かつて円高が問題視された時期もあったわけだから、「最近の円安」の影響だけを取り上げて議論すべきでない、という見方も成り立ちそうにみえます。

そこで、少し視点を変えて長期的な為替レートの推移を眺めてみましょう。

図表5-6は、1980年以降の円ドル・レートと「実質実効為替レート」の推移をグラフ化したものです。実質実効為替レートは貿易相手国とのインフレ率の違いを調整した実質為替レートを、さらに貿易相手国との貿易ウエイトで調整した指数です。ですから世界各国との貿易における円の購買力の変化を円ドル・レートよりも適切に示している、と考えられます。

先ほど紹介した日本銀行の展望レポートにおける「円安が10%進めば実質国内総生産（GDP）を年間で0・8%ほど押し上げる」、という分析結果で使われている為替レートも、実は、円ドル・レートではなく実質実効為替レートです。

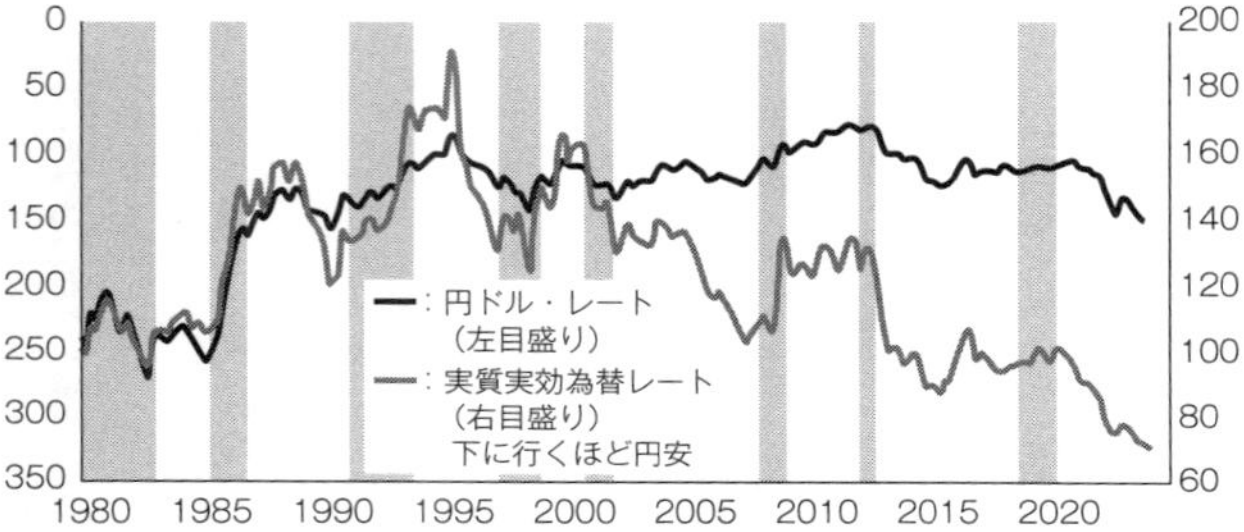

図表5－6　変動為替相場制移行後の為替レートの推移
出典　日本銀行統計

これをみると実質実効為替レートはバブル崩壊の影響が顕現化してきた１９９０年代なかば以降、多少の振れを伴いつつも驚くほど長期間、ひたすら円安へ動き続けてきたことがわかります。

２００８年、米国発の国際金融危機（リーマンショック）後に円高を懸念する声が強まった時期でさえ、実質実効為替レートでみると円安トレンドの一時的な踊り場程度にとどまっていたことがわかります。

†超低金利持続の不都合な真実は輸出企業へのサポートと家計の圧迫の持続

円安がＧＤＰを押し上げ日本全体にプラスである、というロジックが家計の実感と乖離し、支持されにくい理由の一端は、こうした受益者・被害者の長期的な固定化にあるでしょう。長年、賃金が一向に上がらないなかで円安の負担が強く実感される消費者が、円安推進という経済政策に不満を持ち、公正さへの漠然とした疑念を強めていてもおかしくありません。日本銀行の「粘り強い金融緩和」政策はその意味で、深刻なトレードオフを抱えています。異次元緩和後の日本銀行はこのトレードオフを棚上げして円安政策を一貫して追求してきました。それが企業業績の改善などによる賃上げを通じて、家計に還元されることを期待していた、ということになるでしょう。しかし、これまでのところそれはまだ実現していません。

†金利政策は分配問題にどうかかわるべきか

こうした日本銀行の政策は変わるでしょうか。2023年4月に日本銀行総裁に就任した植田氏は、共立女子大学教授時代の2021年12月22日の寄稿（日本経済新聞「経済教室」）で、中央銀行が分配や気候変動にどう向き合うべきか、について言及しています。総裁就任より約一年半前の寄稿ですから、日本銀行総裁になる可能性はその時点ではあまり意識していなかったはずで、ひとりの経済学者として本音を語っている、とみてよいでしょう。

このとき、植田氏は、「これらの領域への中銀の深入りは、一時的にやむを得ない場合はあっても慎重さが求められる。そもそも適切な対応をするための十分な道具を持ちあわせていないし、本来の物価安定の目標実現に有害となる可能性もある」と述べています。つまり、気候変動や所得分配面の不都合な真実に向き合い是正すべきは、政府であり、金融政策はあくまで本来の目的である物価安定に専念すべきだ、という立場で、総裁になってからの政策運営もその延長線上にあると思われます。

これは経済学者としてはオーソドックスな考え方です。ただ、最近の中央銀行の考え方の潮流は変化しつつあり、主要国の中央銀行は、これらの問題に「関与する弊害」よりも「何もしないことのリスク」のほうが高いことを強く認識しはじめています。実際、所得再分配よりも、一見、金融政策との関係が希薄そうな気候変動に対しても対応に動き出しています。極端な異常気象によって農業をはじめ多くの産業が打撃を受け、国土が毀損されれば、国民経済の健全な発展は阻害されます。主要国中央銀行は、目下のところ、2%の物価安定目標と気候変動阻止の両立を図っていますが、本気で気候変動を防ぐには、持続的に膨大なコストがかかる対策が必要になりそうです。こうしたコストプッシュによる持続的なインフレを金融引締めで相殺しようとして2%の物価安定目標達成に固執すると「経済の健全な発展」を阻害するのではないか。ここにも大きなジレンマが潜在しています。[6]

物価安定目標だけを座標軸とした結果として持続的な円安を容認し続けることは、補論でみるように長期的な成長力にも大きな影響を与えると考えられますが、同時に経済政策の公正性に深刻な疑念を投げかけます。公正性への疑念を置き去りにしたまま、円安を容認し続けると、家計の鬱積した不満が日本銀行に向かうことは避けられないでしょう。

2022年6月、インフレ率が高まるなかで、黒田総裁の「消費者が値上げを受け入れている」という発言が大きな反発を受けたのも、長期間、不利益を受け続けてきた消費者の鬱積した不満と公正性への疑念がその底流にあった可能性は否めません。

超低金利政策下の円安で株価は2024年2月、ようやくバブル期のピークを越え、テレビで証券マンが歓呼する様子が放映されていました。しかし、これを機にNHKが行った世論調査では、8割を超える人が景気好転の実感はない、と回答しました。

ここには金利政策のジレンマが象徴的に表れています。

超低金利政策の持続による円安は、輸出関連企業の株価を押し上げる一方、家計に「円安税」として消費税と類似した打撃を与えています。株価がバブル期のピークをついに更新した翌月の2024年3月、実質賃金の低下のほうは24カ月連続の前年比マイナスとなって、こちらも過去最長を更新し、その後も下落を続けて個人消費を抑えました。あちらを立てればこちらは立たず。2024年の春闘賃上げ率は連合一次集計で5％を超えましたが、円安が続けば賃金上昇は色褪せていくでしょう。「日本銀行は、消費者物価上昇率

２％という物価安定目標を最優先すべきだ」というマクロ経済学者や日本銀行の考え方は当面変わりそうにありませんが、２％のインフレ率という目標を神聖化し、それだけに邁進することは必ずしも日本経済、ひいては日本国民にとって望ましいとは言えません。

†円安のもうひとつの不都合な真実は、競争力や成長に十分つながっていないこと

ただし、こうした日本銀行のジレンマは、金利政策だけでは解決できないことも事実です。日本経済の構造問題は家計への負担に目をつぶって粘り強く低金利政策を続けることで円安に誘導しながら、それが成長につながらず、貿易面でも、国際競争力衰退に歯止めがかかっていないようにみえる点にあります。

産業に地力があれば、円安は力を発揮します。

たとえば、観光は新型コロナ感染拡大で大打撃を受けましたが、政府が水際対策を大幅に緩和してから急回復し、京都をはじめ主要観光地には外国人が溢れています。優れた観光資源に恵まれた日本に、円安による「安いニッポン」が付け加わることで、観光産業は高い国際競争力を発揮しており、２０２３年10月に訪日客数が２５１万６５００人と新型コロナウイルス流行前の２０１９年同月を上回ったあとも増加を続け、むしろ外国人観光客が殺到することの弊害が顕在化し、主要観光地はオーバー・ツーリズムに悲鳴を上げて

います。

しかし、円安が競争力強化に直結しているようにみえるこのような分野は限られています。円安でいくらハンディをもらっても、それが企業の競争力強化や成長になかなかつながってこない。そこに金利操作やそれを通じた円安では乗り越えられない日本経済の課題が露呈しているようにみえます。

補論

円安・円高は将来の日本の人口構成を変える

この章では、超低金利政策のもとで、為替レートの動きがトレンド的に円安化してきたことが国内分配面に大きな影響をもたらして、公正性が課題になりつつあることに触れました。

しかし、為替レートの問題は、それだけではなく、日本経済、日本社会の長期的な姿や成長の可能性に無視できない大きな影響を与えるもうひとつの可能性があります。人口減少問題です。[7]

円安持続による外国人流入の先細りは、日本の潜在成長率ないし自然利子率を低下させるとともに、社会にも大きな影響を与えるはずです。

1　日本の人口構成の将来像についての社人研の予測

日本の人口動態についてもっとも権威ある推計とされているのは、社会保障・人口問題研究所（以下、「社人研」と書きます）の「日本の将来推計人口」の標準シナリオです。

社人研は、この推計は、客観性、中立性を重視しており、将来の日本の姿を「当てる」ことを目指したものではない、と説明しているのですが、その推計は権威ある機関によって予想された信頼できる日本の将来像としてメディアでたびたび引用されています。

この本を執筆している時点での直近推計は2023年の推計ですが、その前の2017年推計では、出生率が1・4程度でほぼ横ばい、定住外国人の流入超も毎年7万人弱でほぼ横ばいと想定しており、その趨勢のもとで、日本が「日本人の国」として高齢化し収縮していく姿が描かれていました。

ここに描かれた「日本人国家として高齢化し・収縮していく」というイメージは日本の企業・家計にそれなりに共有されてきた、と推測されます。

コラム

将来推計は当てるためのものではない、という社人研の考え方

社人研による「令和5年の推計結果の解説」では、この推計の考え方について以下のような説明がされています。まず、国や自治体による諸制度ならびに諸施策立案の基礎資料をはじめとして、広範に利用されているから、可能なかぎり恣意性を廃した客観性、中立性が求められ

る、とします。そのうえで、「将来の社会経済の計画を立てる上で、基礎となる人口が外れていたら、誤った選択をすることになるだろう。だから将来人口推計は、できるだけ正確に将来を言い当てることを目指すべきではないか」という意見に言及しています。しかし、社会経済は人間が変えていくものであるから、われわれの今後の行動しだいで無数の展開の可能性を持っており、現在において定まった未来というものは存在しない。だから、標本データから母集団の未知の平均値を推定するといった作業とは本質的に異なる、と書き、そのうえで、何よりわれわれ人間は、しばしば望ましくない予測がその通りに実現しないように行動するのであるから、この場合の予測に求められる正確性とは、その通りに実現するという性質ではない、と述べています。当てることを企図した予測ではない、という姿勢なのです。

---

†すでに人口構成に大きな影響を与えている定住外国人

しかし、社人研の2017年推計のシナリオは足元の実績がすでに大きく外れていました。

2016年には流入超過数は14万人弱で標準シナリオの想定流入超のほぼ倍であり、社人研の標準シナリオでは毎年ほぼ7万人弱で横ばい、と慎重に仮定されていた外国人流入超過はすでに激増しはじめていたからです。

2017年 推計の仮定	異常値を除いた 実績平均値	2023年 推計の仮定
69275人 →	163791人 →	163791人

図表５－７　将来推計人口における外国人入国超過数の仮定の変化
注　入国超過数は国内滞在期間90日以内の者を除いた外国人を対象とし、入国者数から出国者数を引いた値。前年10月から当該年９月までの数。実績は新型コロナウイルス感染拡大の影響を受けた2020年を除く４年間の平均。
出典　国立社会保障･社会保障人口問題研究所「将来推計人口（令和５年）」

移民を受け入れずに日本人国家として収縮していく日本、という大方のイメージとはうらはらに、実際の日本社会は定住外国人という名称で外国人移民を旺盛に受け入れてきた結果、急速に変わりつつあります。外国人労働者は、コンビニで、漁船で、建築現場で、その他のさまざまな職場で働き、日本の経済・社会は、こうした人々に支えられています。

社人研予測では定住外国人流入が人口減少を緩和する

こうした状況をふまえ、直近２０２２年推計では外国人入国超過数を男女合計で毎年16万３７９１人と大幅に上方修正したうえで、その後は毎年横ばい、と仮定した数字が使われています。この外国人入国超過数は新型コロナウイルス感染拡大の影響を受けた２０２０年を除く２０１６〜１９年における入国超過数の平均値です（図表5-7）。

２０２１年の日本人出生数は約81万３０００人でしたが、２０２３年には約72万７０００人に減少しました。社人研の出生率中位の予測では、２０７０年の出生数は45万３０００人程度にまで減少すると見込まれていますから、２０２３年現在、出生数の約５分の１程度流入している外国人の流入数が２０７０年には出生数の４割弱になることを見込んでいることになります。

この推計が示す日本の社会経済構造はどのような姿になるのでしょうか。

２０２０（令和２）年の国勢調査によれば、外国人人口は総人口の２・２％（２７４万７０００人）でした。しかし、社人研の出生中位（死亡中位）推計（以下同様）を前提とすれば、２０７０年における外国人人口は総人口の10・８％を占め、１０００万人近く（９４０万２０００人）に達します。

つまり、日本人人口が50年間で減少を続けるなかで、外国人人口は規模および構成比とともに現在の倍以上の水準に上昇することになります。しかも、外国人の割合は年齢層によって異なりますから年代によって大きな違いが生じます。とくに、若年層では少子化で日本人の人口規模が小さくなる一方、外国人の入国者は働き盛りの若者が多いことから、全体に先んじて若者の外国人割合が上昇することが見込まれています。18〜34歳人口は２０２０年の時点ですでに５・７％が外国人人口であり、この割合は15年後の２０３５年には10・１％と１割を超え、２０７０年には16・８％にまで上昇し、６人に１人が外国人になると推計されています。

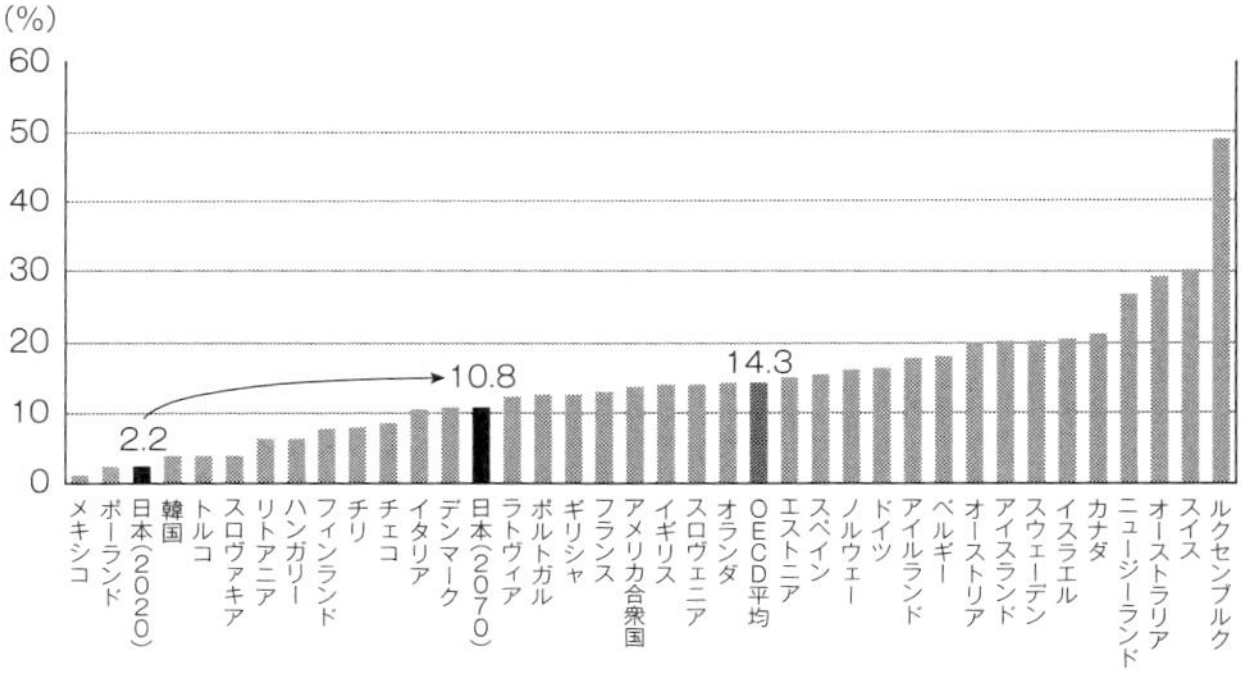

図表5－8　OECDにおける外国人（外国生まれ人口）の割合（2021年）

注　International Migration Outlook 2022（OECD）。日本以外の国については2021年、あるいは2021前後の年次。日本については2020年（令和２年国勢調査）および2070年（出生中位（死亡中位）推計）

出典　国立社会保障・人口問題研究所「将来推計人口（令和５年）」

†２０７０年の日本の外国人比率は今日のイタリア、デンマークを上回る？

社人研は２０２３年推計の中で、このような社会を想像する一助として、２０２１年前後のＯＥＣＤ諸国における外国人（外国生まれ人口）の割合の中に、現在の日本における外国人割合と２０７０年に推計される外国人割合を加えた図を示しています（図表５‐８）。

これによると、２０２０年の日本の状況（２・２％）は、ＯＥＣＤ諸国の中ではメキシコ、ポーランドに次いで、外国人割合が低い国ですが、２０７０年の水準（10・８％）は、今日のイタリアやデンマークを上回ります。

これが、さまざまな分野での人手不足を外

国人労働者に補完してもらうことにより凌いでいる足元までのトレンドをそのまま延長した将来の日本の姿です。

しかし、ここで問題が二つあります。日本社会が定住外国人をうまく包摂できる社会を構築できるのか、という問題と、社人研が仮定しているように外国人の流入が今後も続くのか、という問題です。

2 日本社会は外国人を適切に処遇できるか

外国人を包摂できるかどうかは社会の安定性を維持するうえできわめて重要です。機械などの資本なら不足すればどんどん輸入し、要らなくなれば廃棄すればよいのですが、外国人労働者は人間であり、受け入れ側の都合で使い捨てにしてはならないものだからです。

†移民政策を否定してきた政府のレトリック

2018年に、政府はさまざまな分野での人手不足に対応し、入管難民法を改正し、それまで高度人材に限定していた外国人労働者受け入れ政策を事実上転換しました。

安倍晋三首相は2018年10月29日の衆議院本会議で、この改正案について「政府としては、いわゆる移民政策をとることは考えていない」と述べ、受け入れ拡大は「深刻な人手不足に対応するため、即戦力となる外国人材を、期限を付して、我が国に受け入れようとするものだ」と説明して、移民政策との違いを強調しました。

来日している定住外国人労働者は国際的定義では移民ですが、この説明は、外国人労働者の受け入れ拡大を求める人手不足企業の希望をかなえる一方、日本に永住する外国人が移民として増えることに対する保守層の強い拒絶反応を緩和しようとした、苦心の説明だった、と考えられます。

実際、事実上の移民をあくまで定住外国人とよぶレトリックは、入管法改正への反対論の盛り上がりを抑えるうえで一定の効果を上げたと思われます。

†定住外国人が事実上移民であることから目を逸らすリスクは大きい

しかし、他国の経験をふまえると、定住外国人が事実上は移民であることから目を逸らすことは、長期的に社会に大きな悪影響をもたらす可能性が高い、といえます。

法務省・法務総合研究所の報告書は、2011年の外国人窃盗・強盗犯罪者を精査し、その4分の3は日本語の読み書き能力が不十分であったことを指摘しています。

こうした分析やドイツなどの失敗の経験に照らすと、事実上の移民やその子どもたちには日本国民であろうとなかろうと、日本人と同等に日本語や日本社会についての基礎知識を習得してもらうことが喫緊の課題です。

しかし、日本の定住外国人受け入れ体制は国際的にみて劣悪な状態が続いています。どの程度の位置にあるかを国際的に比較する材料としては移民統合政策指数（Migrant Integration Policy Index: MIPEX）があります。２０２０年の結果をみると、総合評価では、スウェーデンが1位（86点）であり、フィンランド、ポルトガルと続きます。アジアでは、韓国が19位（56点）でもっとも高く、日本は35位（47点）にとどまります。

日本の成績を分野別にみると、労働市場59点、家族呼び寄せ62点、教育33点、政治参加30点、永住63点、国籍取得47点、反差別16点、保健65点とされており反差別、政治参加、教育の評価が低く、将来の日本社会に大きな影響を与えるはずの外国人の子弟が置かれている状況が劣悪であることが懸念されます。

3　人口に大きく影響しうる円安の影響

日本社会が今後、外国人労働者とその子弟を社会に包摂できる体制を整備していくことは外国人受け入れの大前提だと思います。しかし、それが達成されたとしても、外国人が日本で働きたいと考え、流入し続けてくれるのか、という問題があります。そのカギを握るのが為替レートです。

†円安による出稼ぎ先としての日本の競争力低下

外国人が住み慣れた母国を離れ、異国の日本で働く最大の誘因は、母国よりもはるかに高い賃金を受け取れる、という期待です。

社人研の外国人入国超過数の仮定は、2016年から2019年の間における入国超過数の平均値（新型コロナウイルス感染拡大の影響を受けた2020年は除外）にすぎず、2040年の外国人の入国超過数は男女合計で16万3791人との仮定は外国人受け入れ先としての魅力の変化と紐づけられたものではありません。

そこで問題になるのが、円安です。2012年には1ドル80円程度だった為替レートが、2023年には、1ドル140円程度（2012年比40％の円安）になり、2024年前半には、さらに円安が進んで1ドル154円程度（2012年比48％の円安）と円安が急激に進んだ結果、米ドル換算の賃金は過去約10年で大幅に減少しました。持続的で大幅な円安の進行は、日本が、外国人の母国、他の外国人労働者受け入れ国との競争を不利にし、外国人労働者の流入を阻害する要因として本格的に浮上して、日本で働くことの魅力を大き

	最低賃金	最低賃金の月額換算	備考
豪州	（時給）21.38豪ドル （週給）812.60豪ドル	274,376円	平均勤務時間は 週38時間
日本	（時給）853～1072円	154,368円	地域によって異なる （最低：122,832円）
韓国	（時給）9,620ウォン	138,528円	
中国	（月額）1,650～2,590元	48,977円	地域によって異なる 各地域内における最も 高いランクの最低賃金
ベトナム	（月額）3,250,000 ～4,680,000ドン	25,740円	地域によって異なる
インドネシア	（月額）1,812,935 ～4,816,921ルピア	15,444円	地域によって異なる
ネパール	（月額）13,450ルピー	13,316円	
ミャンマー	（日額）4,800チャット	6,458円	

図表５－９　日本と周辺国の最低賃金（為替レート2022年12月末）
注　月額換算は、時給×144時間（＝週38時間（豪州標準）×４週）
　　または、日額×21.7日（＝５日×52週／12カ月）で計算
出典　鈴木智也「外国人労働者の誘致政策」ニッセイ基礎研レポート2023-04-18

く低下させています。

外国人労働者のうち技能実習生やスーパー・コンビニのレジなどで見かける留学生など未熟練労働者は、最低賃金で働いていることが多いとされています。

日本の最低賃金は、２０２３年時点ですでにオーストラリアには大きく水をあけられています（図表５-９）。韓国の最低賃金が日本を完全に上回る日も遠くない、とみられていました。近年、日本の外国人労働者の中核を担ってきたベトナム人労働者は、希望先をオーストラリアに大きくシフトさせている、とも言われています。

†外国人労働者に依存する職場の焦り

2022年10月9日の日本経済新聞電子版の記事では、外国人の育成や就職を斡旋《あっせん》する団体などの円安への懸念を取り上げていました。2020年10月には1ドル104円程度であった為替レートが、2021年10月には1ドル113円程度になり、2022年10月には1ドル145円を突破していたからです。

まず、ベトナムで現地名門大と日本での就職を希望する建設技術者の育成講座を手掛けるNPOのMP研究会では、2019年に約50人の募集に5倍程度の応募があったが、2022年秋予定する同規模の募集は定員割れの可能性があるとしており、大きな理由は円安である、としています。

この記事までの直近2年、円はベトナム・ドンに対し20％以上も下落し、日本の外国人の建設技術者の賃金はここ数年、月20万円程度で推移していた間に、ベトナムの賃金は10～20％上昇し、比較的高度な建設人材は月約2500万ドン（約15万円）に高まってしまい、MP研究会のべ・ミン・ニャット氏は「賃金格差の縮小で日本のステータスが低下している」と話していたことを報じています。また、フィリピン人労働者の海外送出団体、APLATIP（マニラ市）の幹部の「近年の円安で、日本より高賃金で英語も使えるオーストラリアなどに人材が流出している」との懸念や、全国鉄筋工事業協会（東京・千代田）の岩田正吾会長の「賃金改善を進めなければ、建設現場は止まりかねない」という焦り（すでに鉄筋工では2割が外国人）、などさまざまな現場の懸念がすでに強まっていたことが伝わってきます。

†望ましい対応はどのようなものか

円安が進めば、外国人にとって日本の魅力は低下します。結果として、社人研の将来推計も、日本人だけの社会として収縮していく、というかつての推計の姿に回帰するのかもしれません。

しかし、現在、日本のさまざまな職場は外国人労働者に支えられ、日本は外国人労働者を抜きにしては回らなくなってきています。

外国人労働者とその子弟の疎外も、円安による人手不足も、将来の日本社会にとって長期的にきわめて大きな負担をもたらす可能性が高いでしょう。

外国人労働者を包摂できる社会体制を整えながら、賃金、とりわけ最低賃金を上げていくこと、そして、購買力平価から大きく乖離するような円安政策を続けることの人口動態ひいては潜在成長力への長期的な影響も強く意識しておくことが必要といえるでしょう。

注

1 この章で取り上げている第二次世界大戦後の為替レートの決定メカニズムの理解の変遷について、数式も用いて大学の授業で使うような教科書っぽいスタイルで書いたものとして翁邦雄『金融政策のフロンティア――国際的潮流と非伝統的政策』（日本評論社、２０１３年）の第５章があります。

2 白川方明氏の若きエコノミスト時代の論文は、白川方明「マネタリー・アプローチについて」『金融研究資料』第3号（１９７９年8月）です。なお、論文の標題にあるマネタリー・アプローチとは通貨量が物価を決める、といういわゆるマネタリストの考え方を為替レート決定理論に応用した80年代前半くらいまでは有力視されていた考え方であり、本論で触れるようにソロス・チャートの源流と考えることができます。

3 「購買力平価パズル」という言葉をロゴフが使った論文は、Rogoff, K. (1996). "The Purchasing Power Parity Puzzle," *Journal of Economic Literatures,* Vol.34, pp.647-668です。

4 為替レートに関心を持つ国際経済学者の間ではDornbusch, R. (1976). "Expectations and Exchange Rate Dynamics." *Journal of Political Economy.* 84(6): pp.1161-1176は1時代を画した記念碑的論文とされています。ドーンブッシュは、20世紀末の最後の四半世紀の国際経済学界のトップランナーでしたが、２００２年にガンで逝去しました。60歳の若さでした。

5 たとえば、深尾光洋（１９８８）「金融の国際化が為替レートの変動および国際収支に与える影響について」『金融研究』第7巻第4号などです。

6 現在主流の２％程度のインフレ目標に固執すべきでないかもしれない、という見解は中央銀行の

OBからも出はじめています。たとえば、ラジャン・シカゴ大学教授（元インド準備銀行総裁）は「グリーン志向の中央銀行は、グリーン移行を促進するために、より高いインフレに対してより寛容になりたいと考えるのが当然であるかもしれない」とし（Rajan, Raghuram G. "Bracing for a More Inflationary World" Project Syndicate July 11, 2024）と述べています。木村武・元日本銀行決済機構局長も同じような考え方を示唆しています（木村武「物価安定とＳＤＧｓ、中央銀行が抱える新たな二律背反」『Nikkei Financial』２０２４年5月9日など）。国連責任投資原則（Principles for Responsible Investment：PRI）理事でもある木村氏には、ＳＤＧｓについて中央銀行の金利政策についての影響も含め概説書を書きおろしてほしいところです。

7

円安・円高が変える日本国民の将来像の議論の前提となる定住外国人に関する議論は翁邦雄『移民とＡＩは日本を変えるか』（慶應義塾大学出版会、２０１９年）の議論の一部をもとに、その後の状況変化について社人研の令和5年推計などを加味してアップデートしたうえで円安の影響の問題を加筆した、という内容になっています。

エピローグ――金利引き上げと株価暴落

1　2024年8月の株価大暴落とその背景

この本は、もともと、第五章までで完結する予定でした。しかし、あとがきも書き上げたあと、想定外の大きな異変が日本の金融市場に起きました。

2024年7月11日に4万2224円の最高値（終値）を付けた日経平均株価は、8月5日（月）に1987年のブラックマンデー当時の下落幅を大きく超える4451円安という史上最大の下落を記録し、翌8月6日（火）には逆に3217円高という史上最大の上げ幅で反発し、その後も不安定な動きを示しました。

これに先立ち、7月31日に日本銀行は政策金利の誘導水準を引き上げていました。その直後から翌週はじめにかけて株価が大暴落したため、「植田ショック」いう見出しがさまざまなメディアで乱舞しました。

本当に株価を暴落させたのは、日本銀行の金利引き上げだったのでしょうか。そうでないとすれば、株価はなぜ暴落したのでしょうか。そして、この株価暴落は、日本経済にどのような影響を与える可能性があるのでしょうか。これらは、いずれもこの本のマクロ的な議論と密接に関連しています。そこで、エピローグとして2024年8月の株価暴落についてとりあげることにしました。

†株価と金利の理論的関係

第五章では、ファイナンスの研究者が提唱してきた効率的市場仮説を紹介しました。そこでは、資産価格を動かすのは、市場参加者に到達した新しい情報(「ニュース」)であることを説明し、これにより為替レートがどのように変動するかを解説しました。

株価も株式会社の発行している株という金融資産の価格であり、為替レート同様、効率的市場仮説を軸に議論することができます。

まず、株という資産の価値の源泉を考えるところから始めましょう。株の価値の源泉は、株を発行している企業が、今期、来期……と将来にわたって稼ぐ利益であり、株を保有していると、これを配当として受け取る権利が得られます。その大きさがどのくらいになるか、という予想が株価を決める、というのが理論株価を考える出発点となる配当割引モデルです。このモデルでは、将来受け取れる配当の予想値を現在価値に割り引いて足し上げたものが、株の適正価格になるはず、と考えます。

将来の予想配当を割り引くのは、今期の配当の1万円と、10年後の配当の1万円では、価値が異なるからです。たとえば今期1万円の配当を受け取り、それで10年物の国債を買えば、10年間金利を受け取ることができますが、10年後に受け取る1万円の配当からは再投資の収益を得ることはできません。その価値の差を調整するために、将来の配当は割引いて評価値を小さくします。配当の現在価値を計算する際に使用する割引率には、安全資産の金利に将来のリスクを反映したリスク・プレミアムを加えた金利が使われます。理論株価の求め方を式にすると、こんな感じです。

$$V_0=\frac{D_1}{(1+r)^1}+\frac{D_2}{(1+r)^2}+\cdots+\frac{D_n}{(1+r)^n}+\cdots$$

ただし
Voは現在の株価
Diはｉ期の予想配当
ｒは将来の予想配当を割り引く割引率

このことから、株価を動かす「重要なニュース」がどのようなものかがわかります。

まずは予想配当を左右するニュースです。これには、個々の企業の利益を動かすミクロ的なニュースと、多くの企業の株価の動向に同時に影響するマクロ的なニュースがあります。典型的なミクロ的ニュースは、企業の新製品や製品トラブルを巡る情報等です。たとえば、エーザイと米バイオジェンが共同開発したアルツハイマー病新薬レカネマブが米国で正式な承認（完全承認）を得る可能性が高いことが確認された、というニュースが流れたとき（2023年6月7日）、両社の株価は急上昇しました。これに対し、金利動向にかかわる情報は、景気動向に影響を与え、為替レートの円高化・円安化などを通じて多くの企業の収益に影響を及ぼすマクロ的なニュースです。

また、金利の変動は、将来の予想利益を割り引く際の割引率も動かします。

第一章、第五章でみたように、円金利上昇は景気抑制的に作用し、内外金利差を縮小させることで円高に作用します。また、金利が上がれば、直接割引率を動かすことで、将来の予想配当の現在価値を小さくし株価を下げるはずです。このように考えると、金利上昇のニュースは、株価を下げると考えられます。しかし、日本銀行の7月末の金利の引き上げ幅がごく小さいことに照らすと、これによる株価大暴落は不可解です。

なお、「株価の歴史的暴落」などという場合、東京市場であれば日経平均株価やTOPIX、ニューヨーク市場であれば、S&P500やダウ平均などの「株価指数」の変動を指しています。株価指数は、株式市場全体の値動きをあらわすために合成された指標のことで、各々の市場を代表する主要銘柄の株価を一定の計算式で統合し指数化したものです。以下、日本の株価については日経平均株価、米国の株価についてはS&P500やダウ平均に言及しながら話を進めたい、と思います。

政策金利引き上げのニュースは株価を下げていない

以上で、2024年8月の株価暴落を考える準備ができました。さっそく、効率的市場仮説に沿って暴落の原因を考えてみましょう。

この観点からは、マーケットに届いたニュース（予想外の新情報）と株価の時間的関係に注目する必要があります。考えられる重要なニュースは、つぎの三つです。

(1) 7月31日（水）に日本銀行が、政策金利である無担保コールレート・オーバーナイト物の誘導目標を、それまでの0～0・1%程度から0・25%程度へ引き上げた

(2) 植田総裁が記者会見で今後の金融政策の方針について説明した

（3）米国で景気の悪化を示唆する重要経済指標が相次いで発表された

株価暴落は「植田ショック」のせい、という解釈は、（1）ないし（2）が株価暴落の主因という解釈です。実際、もし、このいずれかのニュースが市場に到達したタイミングで株価が暴落したなら「植田ショック」である可能性が高いでしょう。

そこで、株価（日経平均株価）とこれらのニュースの時系列的な関係をみてみましょう。

2024年7月31日（水）朝9時。日経平均株価の寄り付きは3万8141円でした。この時点の為替レートは1ドル152・6円強でした（以下、為替レートは日本銀行が公表している「外国為替市況」によります）。

そして、前日から金融政策決定会合を開いていた日本銀行は、12時56分に「金融市場調節方針の変更および長期国債買入れの減額計画の決定内容」を公表しました。

そのなかには、政策金利である無担保コールレート（翌日物）を、0・25%程度で推移するよう促す（誘導目標を0・15%引き上げ）、という内容が含まれていました。これが多くの市場参加者の想定よりも早いタイミングの金利引き上げであったなら「重要なニュース」だった可能性があります。

しかし、東京株式市場の終値をみると、日経平均株価は3万9102円（前日終値比5

76円高）となっています。政策金利の引き上げというニュースは株価暴落にはつながらず、東京市場はむしろ株高で取引を終えています。

†植田総裁の記者会見はタカ派への転向だったか？

では、（2）はどうでしょうか。

東京市場の取引終了後、15時半から約65分にわたって植田総裁の記者会見が行われました。記者会見の模様はユーチューブで視聴可能で、市場参加者はリアルタイムでその内容を吟味できました。

この記者会見で、植田総裁は、今後の金融政策運営について、「今回の展望レポートで示した経済・物価の見通しが実現していくとすれば、それに応じて引き続き政策金利を引き上げ、金融緩和の度合いを調整していくことになると考えている」と述べました（日本銀行は、先行きの経済・物価見通しや、その上振れ・下振れ要因をくわしく点検し、そのもとでの金融政策運営の考え方を整理した「経済・物価情勢の展望」を展望レポートとよび、年4回──通常は1月、4月、7月、10月──の金融政策決定会合で決定し公表しています）。

また、「これまでの為替円安もあって、輸入物価がふたたび上昇に転じていて、物価の上振れリスクには注意する必要もあると考えている」、とし、為替円安は問題視しない、と受け取られていたそれまでの姿勢をかなり変化させました。

これらの発言は、植田総裁が、今後の金利引き上げに積極的な姿勢（いわゆるタカ派）に転じたと受け止められたようです。総裁記者会見のニュースのあと、17時時点の東京外国為替市場では為替レートは1ドル150・9円まで円高が進みました。

植田総裁は金融引締めに慎重ないわゆるハト派の総裁とみなされていました。その理由として審議委員時代の2000年8月のゼロ金利解除に反対票を投じたこと、その直後の9月のスウェーデン大使館での講演をはじめとして、しばしば「将来、必要以上の期間、ゼロ金利を継続すること（いわゆるビハインド・ザ・カーブ型の金利政策）を約束し、それを守ることこそが、時間軸効果の源泉」としていたこと、などが挙げられます。

ただ、スウェーデン大使館などでのコメントはきわめてハト派的にみえますが、約束を果たし周回遅れでゼロ金利政策を解除し、普通の金融政策に戻したあとも、ビハインド・ザ・カーブ型の金利政策を続けるロジックはそこには含まれていません。市場参加者はその辺を少し読み違っていたのかもしれません。

†植田総裁記者会見はさざ波を起こした

総裁記者会見翌日の8月1日（木）、朝9時時点の為替レートは1ドル149・8円と円安がさらに進みました。為替レートに敏感に反応する日経平均株価は、3万8782円（前日終値比、320円安）で始まり、終値では3万8126円（前日終値比976円安）まで下落して終えています。

このように、植田総裁の記者会見の内容が市場に伝わると為替レートは円高に振れ、翌8月1日の株価が下がりました。ただし、値下がり幅は1000円以下で、かつ17時時点の為替レートは1ドル149・9円で朝9時時点とほとんど変わっていません。

たしかに植田総裁の記者会見は、ある程度の影響をもたらしたとみられますが、大津波として為替市場や株式市場に押し寄せたわけではなく、せいぜい、さざ波程度の影響をもたらすニュースにすぎなかったことがわかります。日本銀行もこの程度の影響は想定の範囲内だったのではないか、と思われます。

†米国の景気指標悪化がもたらした大津波

しかし、その後、予想以上に米国の景気が悪化していることを示すさまざまな経済統計が公表されはじめました。

まず、日本時間の8月1日23時に注目されていた指標のひとつである7月の米国製造業景気指数が発表されました。指数値は、46・8と、6月の48・5から低下し、前年11月以来8カ月ぶりの低水準で、拡大・縮小の分岐点となる50も4カ月連続で下回ったうえ、ロイターは、同社がとりまとめた市場予想（48・8への上昇）も下回った、と配信しました。これを受けた8月2日の東京市場では、寄り付きから下落、終値は前日より2216円安い3万5910円となりました。

更に、2日（金）の21時30分に非常に注目度の高い雇用関連統計が発表されました。まず7月の米国雇用統計は、非農業部門雇用者数が前月比11万4000人増と予想（17万5000人）を大きく下回り、また、同月の失業率も2021年9月以来約3年ぶりの高水準となる4・3％に上昇し（予想4・1％）、いずれも予想外に悪い結果でした。

週明けの8月5日（月）、為替レートは9時時点で1ドル＝145・6円まで急騰、その後も一時は141・7円をつけるなど乱高下しながら急激に円高が進みました（17時時点では143・5円）。日経平均株価の終値は前営業日比で4452円安い3万1458円で史上最大の暴落になりました。

以上の経緯に鑑みると、（3）の米国景気指標の悪化というニュースが史上最大の株価暴落をもたらした主因であり、（1）の日本銀行の誘導目標金利引き上げは無関係、（2）の植田総裁記者会見は、さざ波にすぎないといえるでしょう。

なぜ米国の景気指標悪化が株価暴落をもたらす大津波だったのか

米国経済についての一連のバッド・ニュースは、日米の株価をともに暴落させました。しかし、意外なことに、株価の暴落幅は震源地である米国より日本のほうがはるかに大きいものでした（図表6-1）。

ノーベル経済学賞を受賞した著名な国際経済学者であるポール・クルーグマンは、「景気後退は企業収益に悪影響を及ぼす。しかし、幅広い株価指数の下落は少々不可解だ」と述べ、さらに、米国の景気後退への懸念がこの株価下落を引き起こしたのなら、なぜ日本の株価は米国の株価よりも大幅に下落したのか、と疑問を呈しています。[1]

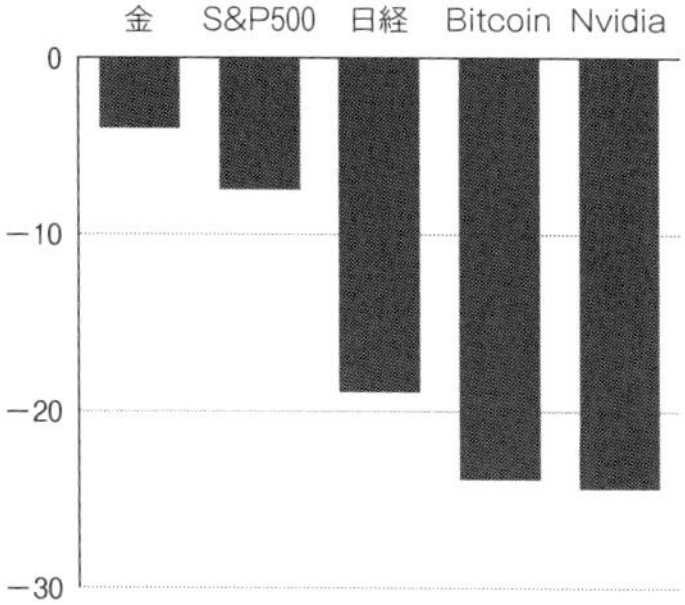

図表6-1　暴落前週のピークから翌週月曜底値までの株価等下落率
出典　Krugman (2024)

景気悪化は米国金利の大幅低下予想をもたらした

巨大な米国経済がクシャミをすると、日本経済がカゼをひく、ということでしょうか。

そうではありません。

米国の労働市場の悪化や景気後退への懸念の高まりは、米国の金利政策についての予想を急激に変化させ、米国連邦準備制度が9月の政策決定会合で大幅に利下げするはず、という観測が一気に高まったことが日米の株価に異なる形で影響したのです。

8月3日（土）早朝、ロイターは「米雇用、7月11・4万人増で予想下回る　失業率上昇　大幅利下げ観測台頭」という見出しの記事を配信、その中で、「特に失業率が約3年ぶりの水準に上昇したことを受け、FRBが9月の次回会合で0・50%ポイントの利下げを決定するとの観測が台頭。FRBは「後手に回っている」との見方も出ている」としました。米国連邦準備制度の利下げ幅は通常は0・25%ずつで、0・5%の利下げは通常の2倍の大きさです。2024年7月の日本銀行の0・15%の上げ幅と比べると3倍以上です。

この米国金利低下は、クルーグマンが「景気後退は企業収益に悪影響を及ぼす。しかし、幅広い株価指数の下落は少々不可解だ」と述べている理由のひとつです。先ほどの割引配当モデルでみたように、大幅な金利低下予想は株価を力強く押し上げるはずだからです。

しかし、米国の金利低下予想は、二つの点でクルーグマンのもうひとつの疑問である、米国株価より日本の株価が大きく下がった理由を説明します。

第一に、配当割引モデルに使われる金利は自国金利なので、金利が大きく下がった米国と金利がちょっぴり上がった日本では、金利の変化の方向がそもそも違い、株価への影響は異なります。

†円高は輸出企業への「円安補助金」を減らして株価を下げる

第二に、日米の金利が逆方向に動くことは、なにより為替レートを大きく動かします。第五章では、円ドル・レートと日米の政策金利指数の動向を見くらべ、1990年代後半以降、長期停滞局面を迎えた日本の政策金利はゼロ近傍に貼り付いているため、大きな金利差の変動をもたらしているのは米国金利の変動であること、とりわけ米国金利が上がる局面では、円安が拡大しがちであった、と説明しました。2024年8月には、米国金利主導であることは変わらないものの、変化の方向がいきなり逆転し、米国の金利が大きく下がる予想が突然に浮上したことが、円高をもたらしました。

円高が日本の株価を暴落させるメカニズムも、第五章で説明した円安効果の裏返しです。2022年の円安効果について復習すると、20%の円安が輸出入金額を20%比例的に増加させたことで、おのおの金額は約20兆円ふくらみ、その分、輸出型企業の利益を増やし、家計には負担になる、と書きました。つまり、消費税10%の税収にあたる金額が、消費者ないし輸入型企業等に消費税のように賦課されると同時に、ほぼ同額が輸出型企業への補助金として交付されるイメージです。それが逆転すると、円高メリットは消費税減税のように家計に広く薄く均霑される一方、輸出補助金が消えてしまう輸出企業の収益は減少します。投資家が狼狽し、株価が米国以上に下がるのは、この点からもそれほど不思議なことではありません。

†投資家心理は株価の低下を増幅する

このように、効率的市場仮説を背景とした「ニュースの理論」で、2024年8月の株価大暴落がかなりうまく説明できるようにみえます。しかし、株式市場が効率市場仮説に沿って企業価値を正しく評価し、株価を適切に変動させているから大暴落が起きた、とまでいうのはファイナンス理論と市場メカニズムの過大評価でしょう。

ちなみに、効率的市場仮説の生みの親でノーベル賞を受賞したユージン・ファマの女婿で資産価格決定理論に精通しているジョン・コクラン（フーバー研究所）は、今回の株価暴落直後の8月7日に、「自分は経済学者としてのキャリアのすべてを、二つの大きなミステリーである、なぜ株式市場が暴落するのか、そしてなぜ不況が起こるのか、に費やしてきたが、結局のところ、私はまだわからないとしか言えない。しかし、他の誰もわかってはいない、ということは非常に正確に知っている」と述べています。[2]

実際、株価変動は取引システムや市場心理など狭義の経済理論で捨象されがちなさまざまな要素の影響を強く受けます。

だからこそ、日経平均株価は8月5日に史上最大の暴落を記録したあと、8月6日には史上最大の前日比3217円高の3万4675円まで回復したのでしょう。この日、円ドル・レートは9時時点で145・8円、17時時点では145・3円で、日中はかなり変動しているものの、前日比では、結局、2円弱円安に振れたにすぎません。

これをみると、8月5日の史上最大の暴落は、米国の景気悪化・利下げに相当程度過剰反応した不安心理の結果ではないか、とみることができます。

†株価下落幅拡大への不安は自己実現する

株価大暴落に投資家はどう反応するのでしょうか。「不安心理」の実態を理解するには、実際の投資家に広範にアンケートやインタビューを行って確かめてみるしかありません。

米国における史上最大の株価暴落はブラックマンデー（1987年10月19日、ダウ工業株30種平均は1日で22・6％下落）です。この大暴落はグリーンスパンが連邦準備制度理事会議長に就任して早々に起き、回顧録では、このとき、グリーンスパンが電話で連絡をとった大手金融機関の経営幹部達は、声が恐怖で震え奈落の底を覗き込んで竦んでいた、と振り返っています。[3]

第四章で登場したロバート・J・シラーは、暴落が進行しているさなかに多くの市場参加者になぜ「株を売ったのか」をアンケートしています。その結果わかったことは、基本的に、市場参加者はなんらかのニュースへの反応として売ったのではなく、株価が下落しているから売った、ということです。

すくなくともブラックマンデーのときの株価の大暴落では「声が恐怖で震え奈落の底を覗き込んで」竦んでいた多くの市場参加者が、パニックのなかで株を売り、それが自己実現的に下落幅を拡大させていったらしいのです。このような、株価下落がさらなる株価下落を呼ぶメカニズムは、今回、より強く働いていると思います。

†AI取引は価格変動を増幅する可能性がある

株価下落がさらなる株価下落を呼ぶというメカニズムがブラックマンデー当時よりも強く働いているのではないかと考える理由のひとつは、1987年当時と比べAIを利用した取引が格段に重要度を増していることです。

AIを利用した自動トレードでは、株式や外国為替などの価格変化に応じて瞬時に売買を実行します。市場の動向をにらみ、他の投資家よりも一瞬でも早く行動することが利益の獲得や損失の限定につながるからです。

しかし、自動売買システムが同じ判断のもとで一斉に作動すると株価の変動がきわめて大きくなるリスクは、かねてから指摘されていました。実際、2010年5月6日には米国で数分間にダウ平均が1000ドル近く下落する「フラッシュクラッシュ」とよばれる現象が自動取引によって引き起こされ、その後も類似の現象はしばしば起きています。2024年8月にも類似のメカニズムで株価下落が増幅されている可能性は高いはずです。

2 株価大暴落はどのような影響をもたらしうるのか

株価暴落は経済にどのような影響を与えるでしょうか。

不況の不吉な前兆になる場合も、そうでない場合も存在します。

株価と景気との関係については、米国でしばしば引用される有名なジョークがあります。ポール・サミュエルソンなど著名な経済学者が、引用するたびに少しずつ手を加えているので原典ははっきりしないのですが、のちに米国の財務長官となったローレンス・サマーズも引用しており、ブラックマンデーの直後の1987年10月21日のニューヨーク・タイムズへの寄稿で「株式市場は過去5回の景気後退のうち11回を予測したという古いジョークがある。市場の暴落は、新たな不況の前兆ではなく、適切な政策対応があれば、経済の大幅な落ち込みを示すことすらない」と述べています。[4]

†株価暴落が不況に直結した「大恐慌」

株価暴落が不況を先導した事例として有名なのは、米国の「大恐慌」です。1929年当時の米国は繁栄の絶頂にありましたが、熱狂的なブームの終焉は唐突に訪れました。10月24日に株価の大暴落が起きたのです(暗黒の木曜日)。この日、大暴落の嵐に襲われた取引所を一歩出た街路(ブロード・ストリート)には群衆が集まり、警察は治安維持のため、証券取引所に特別班を派遣するなど、あたりは異様な雰囲気につつまれた、とされています。

暗黒の木曜日の5日後の10月29日、24日以上の大暴落が発生し、投資家はパニックに陥り、株の損失を埋めるためさまざまな地域・分野から資金を引き上げはじめます。「暗黒の火曜日」です。しかし、米国政府、中央銀行は適切な対応がとれず、恐慌のピークである1933年には、恐慌発生直前と比べて株価は80%以上下落し、工業生産は平均で3分の1以上低落、1200万人に達する失業者を生み出し、失業率は25%に達しました。

サマーズが「市場の暴落は、新たな不況の前兆ではなく、適切な政策対応があれば、経済の大幅な落ち込みを示すことすらない」、と政策対応に言及しているのは、このときの教訓をふまえたのでしょう。大恐慌は米国の政策当局にとって大きなトラウマになっています。

†ブラックマンデーの場合、株価暴落は一過性のショックにとどまった

しかし、1987年のブラックマンデーの株価大暴落は、日本経済や世界経済に直接的には大きな傷跡を残すことはありませんでした。87年10月半ばには2万6600円に達していた日本の株価は、ブラックマンデーの影響を受け、2万1000円にまで急落しましたが、その後、諸外国で株価が低迷を続けるなかで、88年に入ると急回復に転じ、ブラックマンデーの約5カ月後の同年4月にブラックマンデー前の水準を上回りました。その後も上昇基調が続き、89年末に3万8915円とバブル期のピークに到達します。

2024年8月の株価大暴落後も、日本の株価は急速に回復しており、この原稿を書いている同年8月末時点までは、ブラックマンデー型をたどりつつあります。ただし、株価が暴落したあと、急回復したからといってダメージが小さかった、とは結論できません。株価暴落で損失を受けたプレイヤーと株価回復で利益を受けたプレイヤーは別である可能性もあります。また、大きなダメージを抱えたプレイヤーは、その事実を覆い隠そうとす

ることが多く、金融・実体経済への影響は、ある程度、時間が経過しないと可視化されない部分も多い、と思います。

†株価暴落の影響を受ける可能性がある日本銀行の金利政策

しかし、例外的に大きな影響を受ける可能性が取り沙汰されている存在があります。日本銀行です。

2024年8月の株価暴落の基本的な要因は米国の景気指標の予想外の悪化ですが、株価暴落は日本銀行が「タカ派」に転向したことがもたらしたとする「植田ショック」説がかなり流布しているようにみえます。こうしたフレーミングが流布することは、金融政策についての世論及び社会規範の形成や政府・与党との関係にも影響を与えます。このことが日本銀行の金利操作にいろいろな面で影響を与える可能性は否定できません。

†バブル期にも世論は市場安定化のための低金利継続を求めつづけた

まず、ブラックマンデーの経験を振り返ってみると、この大暴落が起きた1987年の日本経済は、春頃から景気の回復がしだいにはっきりし、地価の上昇などが顕著となっていました。そんななかで、日本銀行の三重野康副総裁（当時）は、「乾いた薪のうえに座っているようだ」といった言葉でたびたび警鐘を鳴らし、8月末から短期金利の高め誘導を開始し、金利は9月以降徐々に上昇しはじめていました。

そこにブラックマンデーが起きました。その衝撃により、海外の中央銀行は金利を低下させ、日本銀行も高め誘導を中断しました。しかし、1988年の夏頃には米国、西ドイツ等海外主要国の景気は回復して株価暴落のショックは戦前の大恐慌などとは異なる一過性のものであったことが明らかになり、これらの国では相次いで金利を引き上げました。

しかし、日本銀行がふたたび金利引き上げに乗り出すのは、これらの国からはかなり遅れてバブル膨張末期の1989年に入ってからでした。前述のとおり、87年10月半ばには2万6600円だった日経平均株価は、ブラックマンデーの影響を受けて一時2万1000円まで急落しましたが、各国に先んじて急回復に転じ、88年4月にはブラックマンデー前の水準を上回っていました。

それなのに利上げが欧米諸国に比べ大幅に遅れたのには理由があります。大きな理由のひとつは、地価や株価はどんどん上がるのに、一般物価が上がってこなかったことです。卸売物価は前年比マイナス、消費者物価もわずかなプラスの状態が続いていました。もうひとつの理由は、金利引き上げが安定を取り戻してきた米国株価の暴落やドル暴落（円高）をもたらすのではないか、という国際協調や市場安定化のための緩和継続論の強まりでした。

「市場安定や国際協調に万全を期すため、日本銀行が低金利政策を維持すべきだ」という世論ないし社会の雰囲気は日本銀行に対する大きな圧力となりました。バブルの発生・崩壊、金融政策との関係はいずれも複雑ですが[5]、他の先進国に比べ日本銀行の金融引締めが遅れ、この間、歯止めのかからないまま資産価格バブルが拡大し、その後の日本経済の苦境をもたらした、という経験は日本銀行のトラウマになりました。

†日本銀行の金利引き上げは繰り返し政府与党と軋轢を生んできた

他方、日本銀行の金利引き上げはしばしば、政府・与党との軋轢を呼んできました。

2000年8月、速水優《はやみまさる》総裁時代に日本銀行はゼロ金利を解除しました。1998年の日本銀行法の改正により、日本銀行は政府から一定の法的独立性を獲得しました。このとき、新しい日本銀行の総裁に就任した速水総裁は、金利がゼロという状態に強い嫌悪感を持っており、デフレ懸念が払拭された、として、日本銀行に対する議決延期請求権まで行使するという政府の強い反対を押し切って、ゼロ金利解除を実施しました。

しかし、その後、米国で株価を押し上げていたITバブルの崩壊に直面しました。ITバブルとは、当時普及が進みつつあったインターネットと関連する通信・情報技術（I

T）関連企業の株価が、収益の裏付けのないままバラ色の未来への期待だけで急騰していたことを指します。事業展開の失敗や不正会計の発覚でこのバブルは崩壊し、日米の株価も低迷、景気は悪化します。政府の反対を押し切ってゼロ金利解除を強行したあとの景気悪化は、日本銀行に対する政府・与党の不信感を強めました。

似たような構図は、2006年7月に福井俊彦総裁のゼロ金利解除の際にもみられました。当時の生鮮食品を除く消費者物価指数（CPI）の上昇率は0・6％。設備投資は高い伸びを記録し、市場も7月の会合でのゼロ金利解除を織り込んでいた、とされ、福井総裁は「当面の政策金利の認識は我々と市場との間で齟齬がない状況」と主張しました。

これに対し、金融政策決定会合に出席した政府代表は「インフレ懸念がみられない状況で、解除は必ずしも急ぐ必要はない。しかし解除される場合は今後の利上げが連続的ではないとメッセージを発信していただきたい」と早期の再利上げを強く牽制しました。

福井総裁は政府の牽制を振り切って、金利正常化に動き出しましたが、利上げ直後の8月に総務省がCPIの基準を改定すると、新指数での上昇率が1月～7月平均で0・5ポイントも下落し、ほぼゼロになりました。国内、海外でも米国景気を中心に変調の兆しがみえはじめます。福井総裁は07年2月にふたたび利上げを実施しましたが、その翌年の2008年9月のリーマン・ショックに巻き込まれ日本経済は深刻な状態に陥りました。

「やはり日本銀行は利上げを急ぎすぎて判断を誤った」という批判は根強く、政府・与党は、日本銀行の判断には引締め方向のバイアスがあるのでは、という不信感をさらに強めました。

過去の金利引き上げの経験とは共通点と相違点がある

こうした経験に照らして、2024年8月の株価暴落後の日本銀行の金利政策をどう考えるべきでしょうか。

過去の日本銀行のつまずきとの共通点は、予見できないショック到来のタイミングが悪く、アンラッキーな面があったことです。速水総裁は、ITバブルの崩壊に遭遇し、福井総裁は、当時米国で起きていたサブプライムローン問題がリーマン・ショックなどの国際金融危機にまで発展することを見通せていませんでした。植田総裁も利上げ直後の米国の景気指標の悪化による市場の混乱は見通せていなかったはずです。

他方、今回明らかに違う点は、二つあります。第一にインフレ率がゼロ近傍でなく、2%を超え続けていること、第二は、政府・与党の判断とのギャップの方向が違うことです。速水総裁も福井総裁も政府・与党に比べ利上げに前のめりでした。ところが、今回は、円安に危機感を抱く政府・与党の方が利上げに前のめりでした。

自民党の茂木《もてぎ》敏充《としみつ》幹事長は7月22日の講演で「金融政策を正常化する方向で着実に政策を進める、こういう方針をもっと明確に打ち出すことが必要だ」と語り、河野《こうの》太郎《たろう》デジタル相も、円は安すぎる、として利上げの必要性を指摘していました。ブルンバーグは7月23日に配信した記事で「有力議員による相次ぐ発言は、輸入物価上昇の誘因とされる超低金利政策を続ける日本銀行への政治的不満が高まっていることを示唆している」としています。

第五章でみたように、近年の日本銀行は円安を容認する姿勢が強く、有権者のインフレ・円安の進行に対する苛立ちに対峙する政府・与党との間に、速水・福井時代とは逆のねじれが生じていたようにみえます。

†これからの日本銀行にとって必要なこと

これから日本銀行は金利をどのように誘導していくのでしょうか。

現在の日本銀行の基本姿勢は一言でいえば、データしだい、ということです。実際、8月23日、国会の閉会中審査に出席した植田総裁は、今後の金融政策について「経済・物価の見通しがおおむね実現していく姿になれば、金融緩和の度合いをだんだん調整していくという基本的な姿勢に変わりはない」と説明しています。これは、データが日本銀行の標準シナリオに沿って推移していることを裏付ければ段階的に金利を上げていく、という姿勢で株価暴落前の7月31日の記者会見と基本的に同じです。

しかし、問題になるのは、データの読み方です。速水総裁も福井総裁も建前はデータを重視していたはずです。しかし、ゼロ金利への嫌悪感は強く、それが経済情勢の読み方に影響を与えた可能性はあると思います。

金融政策決定会合の参加者には、バブルのトラウマ、前のめりの挫折のトラウマなどによって判断にバイアスがかかっていないか、中立的にデータを読んでいるか、といった点を自問することが求められます。そのうえで、2%の物価目標達成だけに固執し判断が偏っている、と批判されないよう日本の社会経済全体の安定的な発展に必要なさまざま要素にバランスのとれた目配りをしたうえで、柔軟な政策対応方針を示すことも求められるでしょう。

金融政策において現在の金利水準以上に重要なのは、これから金利がどうなっていくかの展望を適切に提供することです。

日本銀行の姿勢に対し、政財界を含む世論の幅広い理解を得るには各界とのオープンな対話姿勢が必要です。日本銀行のオフィシャル・スポークスマンである植田総裁は、幸い、いろいろな相手に対し、自分の言葉で金融政策を真摯に説明できる力をもっています。また、ひたすら自分の信念や意見を一方的に開陳し苦手な記者や答えたくない質問は無視する、という強権国家型の記者会見スタイルは採らず、批判的な質問にも丁寧に答えを返しているようにみえます。ただし、現在の総裁記者会見は、記者の再質問を許さないという慣行が維持されるなど、「対話」の枠組みとしては不十分な点もみられ不満もあるようです。

各方面との真摯な対話で政策の予見性を高めることができれば、日本銀行が市場を驚愕させ不安定化させるニュース（サプライズ）の発信源にならずにすみます。真摯な対話で、幅広い信頼と支持を得て、様々な逆風を乗り切り、日本経済を安定させていく金利経路を示し、実現していくことに期待したいと思います。

注

1 Krugman,Paul "Market Crashes Happen. They Don't Necessarily Mean Much." New York Times August. 6, 2024 によります。なお、図表6-1にNvidia が含まれているのは、クルーグマンが、ITバブル崩壊が再来した可能性に触れていること、金（ゴールド）とビットコインが含まれているのはビットコインが安全資産である金とNvidia のどちらの値動きに近いかを論じていること、によります。

2　Cochrane john h. "Thoughts on the crash" August 07, 2024. なお、このコクランの小論では、この本では取り上げなかった円キャリー・トレード（低金利の円で借り、ドル資産に運用するという資産運用法）の破綻と株価暴落の関連についても取り上げ、理論的に考えると、円キャリー・トレードの議論にはいくつか欠陥がある、と指摘しています。

3　アラン・グリーンスパン著・山岡洋一・高遠裕子訳『波乱の時代――わが半生とＦＲＢ』（日本経済新聞出版社、２００７年）。上下2巻に分かれていますが、引用したエピソードは上巻１５６頁あたりにあります。

4　Summers, Lawrence H. "In the Wake of Wall Street's Crash; Monday Wasn't So Black" The New York Times, 1987 October. 21. に拠ります。

5　バブルの発生・崩壊、金融政策との関係はいずれも複雑ですが、翁邦雄・白川方明・白塚重典「資産価格バブルと金融政策――１９８０年代後半の日本の経験とその教訓」（香西泰・白川方明・翁邦雄編『バブルと金融政策』日本経済新聞社、２００１年所収）は、その整理を試みたものので、バブル発生をもたらした構図の全体像を模索しています。

あとがき

この本の執筆に至る経緯は、「はじめに」で書いたとおりですが、着手してみると、執筆は、遅々として進みませんでした。

そうこうしているうちに、2024年3月になり、日本銀行は植田総裁のもとで異次元緩和を解除し、普通の金融政策に戻すことを表明、さらに、7月末には0・15%金利を引き上げ、その直後に歴史的な株価暴落が発生しました。

この本は7月にはいったん脱稿はしていたものの、目の前で株価暴落が起き、それが「植田ショック」とよばれている以上、いま金利を扱う本として株価暴落の背景を考えることは避けては通れないと考えて、エピローグを書き足すことにしました。

今後、どの金利がどこまで上がるのか、それは名目金利だけなのか、実質金利も上がるのか、実質賃金は上がるのか下がるのか、為替レートはどの水準に向かって動いていくのか、外国人労働者の流入は維持されるのか。それらの全体像が見えてくるのは、かなり先ですが、新しい金利環境が、暮らしやすい日本の社会・経済の実現につながっていくことを期待したいと思います。

本書の大半を執筆した2023年度は、大妻女子大学での講義の最終年度でした。それまでの講義経験は、在任期間が長かった京都大学の公共政策大学院をはじめ専門職大学院が大半で、高校を卒業してから日が浅い学部の1、2年生を対象としたのは大妻女子大学が初めての経験でした。パンデミックの発生と重なり、対面で講義ができたのは最後の2年に限られましたが、経済・社会についての予備知識がまだ限られている学生と向き合う機会を得たことは、自分にとっては大変有益でした。その経験が、この本に生かせた、と言う自信はまったくありませんが、記して感謝したいと思います。

2024年8月

翁　邦雄